年収1000万円以上の
NYキャリアが教える

仕事も
恋愛も
キレイも
すべてを
手に入れる
女性の
ワーク
ルールズ
5

Discover
ディスカヴァー

ミリオネーゼとは、

自分の才覚による年収が１０００万円以上の
経済的にも、精神的にも自立し、
恋も、遊びも、子育ても、仕事も楽しむ、
おしゃれな女性のこと。

※「ミリオネーゼ」はディスカヴァーのオリジナルの造語です。
英語版の原著では、「Six-figure woman」、
すなわち「6桁稼ぐ女性（年収が10万ドル以上ということ）」と記されています。

序文にかえて
ミリオネーゼ誕生秘話

本書は、2003年8月、『ミリオネーゼになりませんか?』のタイトルで出版した翻訳書の新装版です。原題を、『SECRETS OF SIX-FIGURE WOMEN』といいます。米国ドルで6桁ですから、日本円でいえば、年収1000万円以上。月収に換算すれば、100万円以上です。ちなみに、「ミリオネーゼ」というのは、そこから着想した造語で、以後、弊社では、本書を皮切りに、日本人の著者の方によるミリオネーゼシリーズを数冊出していくことになりました。

ミリオネーゼの定義は、「仕事も恋(家庭)もおしゃれに楽しみ、1000万円以上稼ぐ女性」。

今でしたら、そういう女性も珍しくなくなりましたが、当時はまだ、仕事で活躍する女性は独身か、あるいはおしゃれとはほど遠い雰囲気、というステレオタイプの「キャリアウーマン」像が一般的(実際には、当時から素敵な女性はたくさんおられたのでしょうが)。

仕事を選ぶか、家庭を選ぶか? モテ(女性としての魅力)を選ぶか、出世を選ぶか?

まるで、どちらかを選ぶとどちらかを捨てないといけない、といわれているようで、当時すでに、男女雇用均等法の施行から15年（現在のものにかなり近くなったものに改正されてからは数年しか経っていませんでしたが）というのに、世に蔓延する、旧態依然とした偏ったキャリアウーマン像は、大半の若い女性たちが憧れ、モデルとするようなものではありませんでした。

さらに、もうひとつの誤った仕事観もありました。

やりがいを選ぶか、収入を選ぶか？

ともすれば女性たちは、仕事の価値を、収入よりもやりがいに置く傾向にあります。それ自体は必ずしも間違ったことではないのですが、問題は、その二つを対立するもの、相反するものととらえがちだったことにありました。これには一般に、男性と異なり、妻子を養うという責任や社会的地位を競う同性間の競争から自由であった、という逃げ道の存在も大きいといえましょう（さらにいえば、収入だけを考えれば、女性には昔から存在するいくつかの職業もありましたから）。

これらに対し、「ミリオネーゼ」という言葉には、「すべてをあきらめなくていい。わたしたちは、すべてを手に入れることができる」というメッセージを込めました。宣言といったほうがいいかもしれません。

新聞広告、大手町カフェでの一週間連続イベント、特設サイトなど、キャンペーンも行いましたが、それにあたり、1000万円はハードルが高すぎる、年収は問わないことにしませんか？　という声が社内外から出てきました。が、そこは譲ることはできませんでした。もちろん、1000万円である必要はないわけですが、収入に対するこだわりこそが女性たちにもっとも欠けていることであり、男性でも給与所得者人口の6パーセント程度しかいない、年収1000万円という数字は、女性たちの経済的自立、精神的自立の、いわば象徴だったのです。

さて、原書を読んだ際に驚いたのは、1970年代のウーマンリブ運動以来、女性の社会進出においては、わたしたちより少なくとも20年は進んでいると思っていたアメリカにおいても、働く女性たちの抱える問題の質にさほどの違いはない、ということでした。

大和撫子とは異なり自己主張が強いと見られている（実際そうだと思いますが）アメリカ女性もやはり、仕事の場で自分の意見を主張したり、男性たちをリードしたり、あるいは、自分の実力に見合った正当な昇級や昇給を主張することは女性らしくない、あるいは、自分はそれほどのものではない、と考えて控えてしまう。さらには、「やりがい」の名の下に安い賃金で満足してしまうため、雇用側にとっては安く使える重宝な存在となっている、という事態でした。

そのためか、『ミリオネーゼになりませんか？』は、部数こそ、4万部程度でしたが、それですら予想以上のもので、マスコミ各社からも反響を呼び、当時、盛んになりつつあったブログなどインターネット上でも話題となって、実は、わたしが勝間和代さんをネットで「発見」したのも、この「ミリオネーゼ」という言葉がきっかけでした。


あれから13年、わたしたち働く女性自身、そして、わたしたちを取り巻く状況は、ちっとも変わらないようでいて、やっぱりずいぶん変わってきました。

経済的理由からやむを得ず、であるとしても、経済的自立、精神的自立を当然とする男女が増えてきました（わたしの頃は、周囲の人のほとんどから「(仕事を続けることに) 理解のあるご主人で幸せね」と言われたものでした。まだ子どももいなかった時期に！）。政府が大企業に、女性管理職の割合の数値目標を命じるようになってきており、現在、多くの大企業で、女性活用の部署が設置され、さまざまな施策が講じられています。

もちろん、そうした表面的な動きとは裏腹に、現実としての既存の勢力からの抵抗、妊娠と子育てに伴う仕事内容の制限、待機児童を筆頭とする保育園、学童保育等の不足など、課題は山積しています。

一方、ここにきて、女性自身の側の課題も表出してきています。それが、前述のアメリカ女性たち自身の抱える課題、すなわち、本書でとりあげている事柄です。本書を初めて世に出したときには、一部のキャリアウーマンにとっての課題であった事柄がいま、ほとんどすべてのワーキングウーマンたちの課題となってきているのです。

　そして、それが、13年経って、もう一度、本書を再びおおくりする理由です。

　本書では、自分に自信を持つこと、八方美人になろうとしないで堂々と意見を述べること、チャンスがきたらとりあえずやると答えること、自分の能力と業績に応じた正当な権利を主張することなど、女性に限らず、働く者としての当然の心得が記されています。

　でも、ひとつだけ、わたしが付け加えておきたいと思うのは、かといって、わたしたち女性は、必ずしも男性と同じ仕事観、会社観をもたなくてもよいのではないか、ということです。すなわち、男性と同じように、夜の接待や日曜日ごとのゴルフをしなければいけないわけではない、そんなことなしに成果をあげられる方法がある、ということです。

　もし女性の管理職が30パーセントを超え、そして、半数になったら、男性たち自身の働き方も変わるはずです。そしてそれは、多くの（草食系？）男性たちにとっても、優しい企業社会になるのではないでしょうか？

もし、それが無理だとしたら？
本書にもあるように、会社に勤めるだけが「ミリオネーゼ」への道ではありません。
専門職をいかしての自営業、個人事業主としての独立、そして、起業も！（女性たちにこそ、起業が向いているのではないかと個人的には考えるのですが、それはまたの機会に）
本書を読んだあなたが、「仕事も恋（家庭）もおしゃれに楽しむ」経済的精神的に自立した女性として、多くの女性たちの憧れのモデルとなることを祈っています。

ディスカヴァー・トゥエンティワン 取締役社長　干場弓子
2016年春

はじめに

　あのときのことは今でも忘れられない。数年前、友人が電話でびっくりするようなことを言ったのだ。

「私、所得税を25万ドル（日本円でおよそ2700万円！）も払わなくちゃいけなくなったの……」

「なんでそんなに⁉」私は驚いてたずねた。するとその友人は前年の年収を口にした。彼女自身は税額の高さに驚いていたのだが、私にとっては年収額の方がもっと驚きだった。当時、女性でそんな額の年収を稼いでいる人がいるなんて知らなかったのだ。

　しかし最近では、彼女のような年収は決してめずらしいことではない。今や女性は、リビングから外に出るだけでは飽きたらず、大きな収入を自ら手にすることを求めているのだ。

　これほど多くの女性が思いがけない分野にまで進出して、高収入が得られる仕事に就くようになったのは、これまで見られなかった現象だ。

1000万円以上稼ぐ女性、すなわち「ミリオネーゼ」の職業は、起業家や専門職だけでなく、一般の会社員、それに信じられないかもしれないがパートタイムの仕事にまで及んでいる。

これはまぎれもない事実だ。今や女性が1000万円以上の収入を手に入れられる時代になったのだ。


とはいえ、私自身は、この本を書くまではミリオネーゼにはほど遠い、しがないライターだった。1月のある朝早く、エージェントのキャンディス・フュルマンが電話をかけてきた。そして、この本を書かないかと熱心に勧めてくれたのだ。

「1000万円以上の収入を手にしている女性を取材したらどうかしら。これまでになかったことなのよ、こんなにたくさんの――」

「興味ないわ。態度の大きい人たちに取材だなんて。」

キャンディスが言い終わらないうちに、私は誘いを断っていたのだ。

仕事に追われ、冷たくて頑固でよそよそしくて、高級ブランドで身を固めた女性たちの姿を思い浮かべていた。とても私などつきあうことのできない、上の世界の人たちだと。

そのとき突然、はっとした。これまで私が少ない収入で汲々《きゅうきゅう》としていたのは、こんな考え方をしていたからかもしれない。高収入を得ている人たちをこんなふうに蔑視しておいて、自分が大金を手にできるわけがあるだろうか。

そして、数秒のうちに、どんどん疑問が湧いてきて、頭がいっぱいになった。

「収入のいい仕事は犠牲も伴うだろうに、それでも続ける価値があるのか？　ミリオネーゼたちは、馬鹿らしいほど長時間働き、女性らしさを奪われ、幸せをあきらめ、私生活を犠牲にしてきたのではないのか？　結婚生活や子育てはうまくいっているのだろうか？　女性差別と闘って傷ついたりしていないのか？　どんな人間でもミリオネーゼになれるのだろうか？　私はどうだろう……？」

キャンディスと電話で話している間に、こういったさまざまな考えが稲妻のように私の頭の中を通り過ぎた。

「ミリオネーゼのことをもっと知りたいのよ」

キャンディスがそう言うのが聞こえた。

「私もそう思うわ」

気がつくと、私はそう答えていた。はじめはつまらなく思えた企画が、とても興味をそそられる魅力的なものに変わっていたのだ。

本書を書き上げるまでに、私は150人以上のミリオネーゼと話をした。ミリオネーゼと聞いて、高慢で自分とはかけ離れた人物像を思い浮かべていた。

しかし実際は、みんな気持ちのいい、親しみのある人々で、他の働く女性――一生懸命に働いて生活を支え、仕事で成功しようと頑張り、家庭と仕事の両立に四苦八苦している――とほとんど変わりがなかったのだ。しかも、ほとんどそれまで会ったこともない人たちだったが、忙しい身にもかかわらず、私に手を貸そうとするその熱心さは圧倒されるほどだった。

「ミリオネーゼとはどんな人たちなのだろうか？　そんな高額の収入をどうやって手に入れたのだろう？」

この大きな二つの疑問を抱きながら、私は取材を始めた。

そして、彼女たちの生い立ちや生き方、夢と失望、挫折、そして成功を収めた理由についてたずねた。そうしたプライベートなことを聞かれても、彼女たちはとても率直に、真剣に答えてくれた。「どうして取材に応じてくださったのですか？」とたずねると、ほとんどの人は、「他の女性の手助けをしたかったから」と答えた。

取材を始めてすぐ、はっきりしたことがある。ミリオネーゼたちは職業や経歴がどんなに違っても、成功に向かって驚くほど似たような道を歩んでいたのだ。

どの女性も人生のここぞというときには、同じような行動をとっていた。こうした行動には一定のルールがあり、ほとんどすべてのミリオネーゼが、この50のルールを実行していた。

そして驚くことに、ミリオネーゼたちが語る一つひとつのルールを意識的に実践し始めたとたん、私は今まで夢にも思ったことがないほど高額な収入を手にし始めたのだ。

これらのルールは私にとって羅針盤のようなもので、そのおかげで軌道から外れずに目標に向かって進むことができたのである。

これからご紹介するルールは、単にお金を稼ぐためだけのものではない。

これらのルールに従って行動するうちに、あなたは同時にあることが起こるのに気づくだろう。なんと、収入が増えるだけでなく、非常に深いところで人間的に成長するのだ。

ミリオネーゼたちは口をそろえてこう言う。

「より多くの収入をめざすことは、人間的に成長するきっかけになりました」

高収入を手にするということは、要するにぴんと胸を張って歩けるということ。それは、収入の額が多いからではなく、心理的効果によるものだ。


本書は、成功を手にしたいと願っている女性たちに展望と希望を与え、その手引きをすることを狙いとしている。すでに高収入を上げている女性に対しては、同じような立場にある人々から学べる機会を提供したい。

今こそ自分の可能性を発見し、豊かな経済力を手に入れ、後に続く女性たちのために道を開くとき。さあ、始めよう！

もくじ

第1章 ミリオネーゼはここが違う！

第2章

決意を明確にする

第3章 今あるものを手放す

第4章 「ゲーム」に参加する

第5章

はっきりと自分の意見を言う

第6章 限界を乗り越える

第7章 支えてくれる人を探す

第8章 お金の法則に従う

第1章

ミリオネーゼはここが違う！

「どれだけハードに働いているかよりも、その仕事が好きでたまらないという気持ちの方が大事」

――イベントプランナー　ステファニー

私が取材した女性のほとんどは、仕事を楽しむことで、いい収入が得られる可能性があるし、そうなるだろうと心から信じていた。


イベントの企画を手がけているステファニーはこう言う。

「仕事は、情熱をこめてしないと続かない」

経営コンサルタントのキャロルも同じ考えだ。

「仕事の領域とか、どれだけハードに働いているかよりも、その仕事が好きでたまらないという気持ちの方がはるかに大事だと思います。そりゃ、私も一生懸命働いていますよ。でも、なにより仕事が好きなんです。仕事をしているというより、楽しく遊びながら、インスピレーションを楽しんでいる感じですね。それでお金がもらえるのが嘘みたいです」

ヴィヴィアンはこんな話をしてくれた。

「前からずっと教師になるのが夢でした。どんなに無理に思えることでも、好きなことをやろうと決心して、いい成果を出せば、お金はついてくると思います。私は、フロリダA&M大学で一番報酬の高い教員にすんなりなれましたから。採用してくれた学部長より給料が高かったんですよ」

もちろん、好きな仕事をしていれば、食卓に豪華な料理を出せたり、役員室に自分の帽子をかけられるわけではない。

しかし、火を燃やすのに丸太が必要なように、情熱は、どんなに優れた資格やどんなに立派な経歴よりも、女性が成功する上で重要な役割を果たしている。

お金は力の塊《かた》まりだ。その塊まりを解きほぐすと、人生のいろいろな可能性が生まれてくる。――ジョゼフ・キャンベル

「情熱を持てるということが、労働条件よりもはるかに大切。」

「私は何も犠牲になんかしていない」

――チャールズ・シュワブ銀行　上席副社長　ニコル

ニューヨークの不動産業界を牛耳るレズリーに「成功の秘訣は何ですか？」とたずねると、彼女は吹き出して、こう答えた。

「秘訣なんかありません。天才じゃないんだし。ただ、一生懸命働いているだけです」


成功している女性に共通する特徴は、大変な働き者だということである。ただし、よく働くといってもその形はさまざま。取材を進めるうちにわかってきたことは、重要なのは、仕事に費やした時間の長さではなく、仕事に向ける集中力の高さだということ。

「仕事は、熱心にはしない」とチャールズ・シュワブ銀行上席副社長のニコルは言う。

「〝仕事熱心〟という言葉には否定的な含みがあるでしょう。私は何も犠牲になんかしていない。最高の仕事をさせてもらっているし、今の仕事が好きなの。情熱を持って仕事をしているだけよ」

一方で、〝仕事熱心〟の罠にはまってしまう女性もいる。金融機関の広報コンサルタントをしていたリスベスは体を壊してしまい、「仕事で人生を台なしにはするまい」と決心した。フリーランスだった彼女は、仕事を減らし、ボストンの中心街を離れ、ケープコッドの静かな海辺に一戸建てを購入して移り住んだ。労働時間は、週70時間から30時間に減らした。すると、意外なことに、リスベスの収入は急上昇したのだ。

「9時から正午まで集中して仕事をします。それから、テラスでお昼を食べ、小鳥を眺めます。1時から2時まではテレビのメロドラマを見ながら、郵便物に目を通します。その後、2時間ほど仕事をすることもありますが、集中して効率的に仕事すれば、ありったけの時間をつぎ込まなくてもいいことがわかりましたね」

驚くべきことに、働く時間を減らしながらも収入をアップさせている女性はたくさんいるのだ。

〝一生懸命働く〟とは、休みもとらずに働くことではない。

―ルール3：自信のなさを理由に立ち止まらない

「自分ががんばったことは、必ずうまくいくと信じるのです」

――投資銀行役員　セレスト

情熱や集中力は大切。

でも、成功を手にするために、もっと重要なものがあるという。

それは、〝自分に対する自信〟。

「あなたが成功した最大の要因は何ですか？」という私のお決まりの質問に、ほとんどの人がこれをあげるのだ。

「自分を信じなくてはいけません。自分ががんばったことは必ずうまくいくと信じるのです」と、投資銀行役員のセレストは言う。

ただし、自信があるからといって不安がないわけではない。どの女性たちも自分の力不足や無能さを感じ、それと闘ってきたことを認めている。失敗の恐怖や、拒否されたり、批判されることへの脅えを常に抱えているのだ。

でも、彼女たちは、どんなに自信がないときでも自信ありげに振る舞う。企業の顧問弁護士をつとめるアビーが、その気持ちを実にうまく表現してくれた。

「鴨みたいなものよ。水の上では悠々と落ち着いて見えるけど、水中では必死に水かきをしているでしょ」

企業研修の講師をしているドナルダも、実は自分もそうだと打ち明けてくれた。

「何でもできるなんて言ってるけど、実際仕事をしている間は、『いやだ、なんてことをしでかしちゃったんだろ』なんてぼやいてるんですよ」

それでも、彼女たちは信じがたいほどの成功を収めている。いったいどうして？

それは、決して自分の能力への不安を理由に立ち止まったりなんかしなかったから。成功を阻むのは能力不足ではない。「自分にはできないかもしれない」という恐怖心こそが、あなたの最大の敵なのである。


「不安を避けなくていい。疑念も捨てなくていい。

その上で、あえて挑戦してみる。」

「知識がなかったからこそ、みんなが『できっこない』と言うようなことを、大胆にやれたんです」

――起業家　キティ

起業家のキティは中学1年で学校をやめた。でも、キティは自分が学校教育を受けていないことが幸いしたと考えている。

「他の人みたいに知識がなかったからこそ、みんなが『できっこない』と言うようなことを、大胆にやれたんです」


カレンも学歴がないからといってひるみはしなかった。

なんと、高卒の専業主婦だったカレンは、監査法人のパートから始め、キャピタル・トラスト銀行の資産運用サービスの営業、そしてニューヨーク銀行の上席幹部にまでのぼりつめたのだ。仕事をはじめてからたった4年で1000万円を超える年収を稼ぎだした彼女は、「家族を養っていたので、仕事を通して勉強するしかなかったんです」と言う。

「大学も出ずに、どうしてそういう仕事に就くことができたんですか？」と、信じられない気持ちでそうたずねると、彼女は笑いながらこう言った。

「私は黙っていたし、周りの人もそれに触れることはなかったの」

私が彼女たちから学んだのは、こういうことだ。

誰もが1000万円以上の年収を手にするわけにはいかないかもしれないけれども、もし望むなら、ふつうの女性が平均以上の報酬を得てはいけない理由は何もない。

私たちは、それを実現する力を、自分が思っている以上に持っているのだ。


「どんな職業でも高収入を得ることはできる。

学歴がないからといって尻込みする必要はない。」

「お金が目的ではなくて、お金によって得られるものが重要なの」

――NYのキャリア女性たち

ミリオネーゼたちは、何のために、そんなに一生懸命に働くのだろう？

実は、お金のため、と言う人はほとんどいなかった。そして、誰に聞いても、似たような答えが返ってきた。

「お金が目的ではなくて、お金によって得られるものが重要なの」

お金がほしいからがんばるのではない。やりたいことがあるからがんばるのだ。

「お金が目的でないなら、何が目的なんですか？」とたずねると、実にさまざまな答えが返ってきた。

「興味のある仕事をすること。自分の仕事で満足感を味わうこと」

「経済的な安心感。一人でやっていけるだけの十分な経済力を持ちたかったの」

「いい仕事をして認められること」
「他の人のために自分の才能を使うこと」
「有名になること。みんなに名前を知ってもらえたら最高！」
「朝、目が覚めたときの、仕事がしたくてたまらない気持ち」
「やりがいのある、わくわくするような環境に身を置くこと」

経済的な利益よりも自己実現をめざそう、ということだ。

どのミリオネーゼも、人から認められること、自分の能力を試すこと、経済的に自立することなど、自分が大事に思う価値観をもとに人生のプランを立てていた。お金ではなく、こうした無形の目標が、経済的成功の原動力になっていたのだ。

彼女たちはみな、〝自分の思うように生きたい〟という正直な気持ちを打ち明けてくれた。そしてこの欲求こそが、果てることのない上昇志向を支えるエネルギー源だったのだ。

「お金のためだけに働く人は、いくら収入を手に入れても幸せを感じられない。欲望に終わりはないから。」

「仕事は家に持ち帰らないし、週末はいっさい仕事しない」

――公認会計士　エレナ

仕事をうまくこなしつつ、それ以外の生活も楽しもうとするのは、働く女性にとっては、大変な苦労を要することだ。仕事で成功したいという野心と、円満な家庭や結婚生活を望む気持ちをうまく両立させようとすればなおさらだ。

でも、多くのミリオネーゼたちが、不安定ながらも仕事と家庭を両立させていた。

ジュディスは自宅をレストランにした。「子どもたちが私の後ろを走り回って、なかなか寝ようとしないの」と嬉しそうに笑う。

科学者のジェーンは、「意図的に仕事の進め方をゆっくりにして、家族に時間を振り向けるようにしている」そうだ。

心理学者のイングリッドは、人とつきあうのをあきらめた。クスクス笑いながら、「子どもたちこそが、私がつきあうべき相手だとわかったの」と言う。

公認会計士のエレナは、全力で走ることをやめはしないが、限度は設けた。

「仕事は家に持ち帰らないし、週末はいっさい仕事しない。家庭には家庭の生活があるから」

一方で、子どもが大きくなった女性たちが、失った時間について残念そうに語ることも多くあった。ミュージック・アカデミーの校長カレン・ホプキンスは昔を思い出して、こう語った。

「息子が生後3ヵ月のときに仕事に戻ったので、息子の幼い頃の時間を失ってしまいました。あのときはそうするのが自分の気持ちに適《かな》っていると思ったのです」

「後悔なさっていますか?」と私がたずねると、彼女は肩をすくめ、首を横に振った。

「すてきな人生でしたし、高い地位とすばらしい息子に恵まれました。好きな仕事でいろんな人に会えましたから、失うものがあれば得るものもあるということでしょう」

自分が最も大切にしたいものは何か、これを自らに問いかけることが両立の秘訣なのだ。

自分の価値観にとことん向き合って、
ぴったりのオリジナルな両立法をみつける。

「知らんふりして男どもより一生懸命働きなさい」

――ファンドマネジャー・レニーの女性上司

働く女性が大なり小なり直面しているのが、女性差別。

多くの女性が、昇進を見送られたり、重要な仕事や社交的な場からはずされたという経験を持っている。

投資銀行役員のマリは言う。

「週末になると、男の人たちは会社のトップ、つまり意思決定権を持つ人たちとゴルフに出かけます。でも私にはお呼びがかからないのです」

「そういう扱いにどう対応していますか？」と、私はたずねた。

マリはため息をついて言った。

「受け入れるようになりました。いい気持ちはしませんが、どうしようもないでしょう。おせっかいをしない、間違いを犯さない、懸命に働く。これが私の抵抗のしかたです」

ほとんどのミリオネーゼは、性差別やその他の不公平な待遇にマリと同じ解決法――会社をやめるのではなく、実力を認めさせる――を用いている。

ヘッジファンドのファンドマネジャー、レニーはこう言う。

「何らかの行動で怒りは示します。でも、あくまでも事実を受け入れます。人を責めたり、自分の将来を犠牲にしたりはしません。以前、上司が私にこう助言してくれました。『知らんふりして男どもより一生懸命働きなさい。そうすればもっと高収入を得られるわ。そういうものなの』って」

ベンチャーキャピタリストのパトリシアはユーモアでショックを和らげようとする。

「私の共同経営者の男性二人に、女とは取引したくないという依頼人からよく電話がくるのよ」

「私だったら腹が立つでしょうね」と私が言うと、彼女はこう返した。

「私は違うの。笑っちゃうわ」

「女性差別は完全にはなくならない。ときには、肩をすくめて笑い飛ばすしかないこともある。」

ルール8：自分の境遇の良い面に目を向ける

「毎晩欠かさず天国の母に報告するの。人生にとても感謝していますってね」

――ニュースキャスター　リッキー

一つ確かなことがある。成功への道にはストレスがたくさん待ちかまえているということだ。

膨大な量の仕事や重圧にうまく対処するのは、決して楽なことではない。にもかかわらず、ミリオネーゼたちはみな、とても明るい。そして、彼女たちの話には〝感謝〟〝幸運〟〝幸せ〟〝恵まれた〟といった言葉が、夜空の星のようにちりばめられていた。不平を言う前に、自分の恵まれている点を数え上げて感謝しているのだ。

コートテレビのニュースキャスター、リッキーは言う。

「子どもの頃、母は私の寝室に入ってきて、『リッキー、今日はどんなことに感謝するの？』と言ったわ。今でも私は、毎晩欠かさず天国の母に報告するの。人生にとても感謝していますってね。自分のことをすごく幸福だと思ってる」

彼女たちはお金があるから幸せなのだろうか？

ある程度まではそうかもしれない。ミリオネーゼたちはお金のおかげで、チャンスや自由、豊かな生活を手に入れ、だからこそ気前よく振る舞えているのだろう。

でも、会社経営者のトレイシーはこう言う。

「私が愛しているのはお金ではありません。お金が可能にしてくれたこと、つまり、私の人生を一変させてくれた力を愛しているんです」

だからといって、ミリオネーゼたちが落ち込んだり、ネガティブな考えにとらわれたりすることがないわけではないだろう。しかし感心するのは、彼女たちはいつまでも被害者気分から抜け出せなかったり、意気消沈したままでいることは決してない、ということだ。言い訳をするのではなく、ふたたび幸せになれる場を探そうと真剣に努力する。それがミリオネーゼの秘訣なのだ。


「自分の恵まれている部分に目を向ければ、ポジティブな心が生まれる。」

取材を進めるうちに、ミリオネーゼは例外なく、ある7つの要素を持っていることがわかった。私の見るところ、これらの要素は女性が成功を手にしようと思ったら、絶対に欠かせないものである。

①利益を求める気持ち

仕事に対する十分な報酬を求めるのは当然のことだ。お金を稼ぐこと、そしてお金によって得られる生活をエンジョイしよう。

②潔さ

役に立たない、あるいは妨げになるものは潔く捨てる。

③度胸

成功するためには、居心地のいい場所を離れ、あまり自信の持てないことにも飛び込まなくてはならないときもある。勇気を出して努力しよう。

④ **自覚**

目標や自分の価値観、自分にとって大事なこと、夢、スキル、才能などに焦点を当て、自分がどんな人間であるか、何を求めているかを知る努力をしよう。

⑤ **立ち直る力**

うまくいかなかったり挫折したりしても、また起き上がり、前に進む勇気こそが必要だ。

⑥ **周囲の人々の励まし**

家族やパートナー、友人など、自分を信頼し、支えてくれたり、たえず応援し、ときには前に進むよう励ましてくれる存在も大切だ。

⑦ **経済の知識**

お金の法則を知り、それに従おう。

「変わりたいという気持ちと行動する決意。
それさえあれば、誰もが成功を招く7つの特質を手にできる。」

――ルール10：自分もミリオネーゼになる資格があると知る

成功を手にし、充実した日々を送っている女性たちがいる一方で、同じように一生懸命働いているにもかかわらず、かろうじて生活できるだけの収入しか得ていない女性も多い。能力も向上心もあるにもかかわらずである。


私は、巧みな手つきで電卓のキーを叩いている経理事務の女性にたずねた。

「ねえ、アンドレア、10万ドル稼ぎたいと思わない？」

「もちろんよ」と、アンドレアはすばやく顔を上げた。彼女は間違いなく、成功に必要な頭脳と体力と才能の持ち主だ。

「じゃ、やってみたら？」

「そんなにあくせく働きたくないわ」


私は信じられない思いで、アンドレアの顔を見た。

目の前にいるのは、早朝からエアロビクスを教え、日中は理容師、夜はウエイトレスとして働き、空いた時間でフリーの経理事務をしたり、地元の大学で勉強している女性である。

アンドレアの活動時間は、私が取材した多くのミリオネーゼを上回っている。彼女は、能力に見合わない低い収入に甘んじているのだ。

優秀で、才能も野心もある多くの女性が、低い収入しか得られないという現実。

その裏には、彼女たちの心の奥にひそんでいる思い込みや古い習慣が大きく関わっている。低収入に甘んじている女性たちは、驚くほど一様に、「自分は高収入と縁がない」と思い込んでいたり、「そうした挑戦は、あまりに大変な労を要し、高いリスクも伴う」と選択肢から排除してしまっているのだ。

今すぐ、思い込みを捨てよう。誰にだって成功する可能性がある。

20 お金のことで心配したり、不安を感じることはほとんどない。

21 自分の価値に見合う報酬でなければ、はっきり拒否する。

22 仕事に情熱を持っている。

23 自分を支援し、励ましてくれる人が周りにいる。

24 裕福な人々に、好感を持っている。

25 クレジットカードによる借金はほとんどない。

26 あえて自分の能力以上の仕事に就いて、こなせるように頑張る性質《たち》だ。

27 柔軟性があり、失敗しても立ち直る力がある。

28 自分のこれまでの成功に心から感謝している。

29 仕事熱心だが、何でも自分でやらずに、人に任せたり、仕事をセーブすることができる。

30 粘り強く目標を達成しようとする。

1〜15の○の数が16〜30の○の数よりも多い人

ミリオネーゼ度…★☆☆

収入アップを目指しているにも関わらず、
能力や努力に見合う収入を得られていないのでは?
まだまだ大丈夫! これからが勝負です。

1〜15の○の数と16〜30の○の数が同じ人

ミリオネーゼ度…★★☆

ミリオネーゼへどんどん近づきつつあります。
もうすぐ飛躍の瞬間が訪れるかもしれません!

1〜15の○の数が16〜30の○の数よりも少ない人

ミリオネーゼ度…★★★

同じ職業や業種の人のなかでも、
比較的高い収入を得ているのではないでしょうか。
もっと上を目指す気持ちはありますか?

あなたのミリオネーゼ度は？

次にあげる項目のうち、当てはまるものに○をつけてください。
あまり長い時間をかけずに、すばやく判断すること。
確信がなくても、そうかもしれないと思う項目は○で囲んでください。

1 非常に仕事熱心である。
2 自由な時間も、仕事や雑用でつぶれてしまう。
3 サービス残業、ボランティア活動など、自分の労働力を無料で提供しがちだ。
4 仕事で、自分の不利益になることをする傾向がある。
5 昇給や報酬アップは、言い出しにくいので我慢する。
6 いつも自分より他人を優先する
7 貯金はほとんどない。
8 家計が苦しいのは、夫や税金など、他の人やモノのせいだ。
9 できるだけお金を払わないようにしている。
10 お金やお金持ちに対して、否定的な気持ちを持っている。
11 お金より、人に認められ賞賛されることの方が大事だと思う。
12 自分の収入額をよく知らなかったり、あまり意識していない。
13 お金で頭を悩ますことがよくある。
14 わずかなものでやりくりする能力を誇りに思っている。
15 所得が低かったり、借金の多い家庭で育った。
16 金儲けの才には自信がある。
17 いつも収入の範囲内で生活している。
18 お金は好きだし、お金で得られるものも好きだ。
19 経済面で、自分の将来について楽観している。

第2章

決意を明確にする

――ルール11：人生を変える決意をする

「大事なのは、幸運がやってくるのを死ぬまで待ち続けないこと」

――リー・アイアコッカ

私が取材したミリオネーゼたちも、最初から高収入を手にしていたわけではない。それどころか、どん底の暮らしをしていたダンサー、夫の暴力に脅える学歴のない主婦、生活保護を受けていた人さえいる。

彼女たちは私にとって、「やればできる」ということがわかる生きた証拠だ。私たちは誰でも、飛躍的な成功を実現する能力を備えているのだ。

私が知りたかったのは、彼女たちがどうやってそれを成し遂げたかだ。

話を聞くうちに、興味ある事実に突き当たった。彼女たちの収入が増え出したのは、うまくいっていない現実を認めたときからだった。どの女性もさまざまな壁にぶち当たっている。しかし彼女たちは、人生がどんな困難を投げつけてきても、その問題に正面から立ち向かおうとした。困難に立ち向かう意思の力こそが、女性たちに、変わるきっかけを与え、成功への道を開いたのである。

その反対に、低収入に甘んじている女性たちは、現状を変えようとはしない。問題を認めたがらないか、しかたなく運命を受け入れてしまう。収入はいつになっても低いままで、充実感や満足感を得ることもない。

ミリオネーゼたちのように、自分の問題に気づき、行動を起こす決意ができる人には、まったく違う結果が待っているということだ。

作家のリチャード・バックは言う。

「恵みをもたらさない問題などない」

試練の裏には恵みがある。それがわかれば問題さえも、邪魔になる石という見方をやめて、踏み石として利用することができる。まさに、待つのをやめて行動を起こした瞬間、より収入の多い、充実した豊かな生活への門をくぐるチャンスを手にできるのだ。

困難に立ち向かって、行動を起こす意思さえあれば、
人生も、自分自身も変えることができる。

──ルール12：お金を稼ぐ意思をしっかり持つ

「さあ、いよいよお金を稼ぐときがきたわ」

──ＩＴ技術者　ルース

取材で、いつも最初にたずねることがある。

「最初から、お金をたくさん稼ぎたいと思っていたんですか？」

そして、返ってくる答えに共通点があることに気づいた。たとえば、ＩＴ技術者として成功したルースはこう答えた。

「そうです。私は貧しいプロのダンサーでした。貧乏暮らしはもうたくさんでした。それで決心したんです。『さあ、いよいよお金を稼ぐときがきたわ、ルース』って」

これだ。意思の表明。

どの女性も人生のある時期に、「お金を稼ぐときがきた」と自分に宣言したという話をしてくれた。そして、信じられないようなことだが、お金を稼ごうという意思をはっきり表明した瞬間から、人生は劇的に違う方向に向かいだしたのだ。

職種の違いはあっても、成功した誰もが、「多くの収入を得よう」という意思を持ってその仕事に励んでいた。必ずしも決まった額を望んでいるわけではないし、お金が第一の目的でもない。しかし間違いなく、利益を得ようという意思を持っていた。ミリオネーゼたちは、「お金が一番の目的ではありませんでしたけど、到達点だったのは間違いないですね」と語る。

起業家のクレアは言う。

「経済的に自立し、財産を作って成功したかった。だから、1000万円以上の年収を手に入れようと決めて必死に働き、その通りになったわ」

富を得たいという欲求を認識したとき、成功への大きな一歩を踏み出せる。

自分の望みが何かをはっきりさせないで、それを実現できるわけがないのである。

「お金を稼ぐときがきた」と自分に宣言した瞬間から、人生は劇的に変わりだす。

ルール13：自信がなくても決意さえあればいい

「階段は全部見えなくてもいい。最初の一段を、自信を持って上がりなさい」

——牧師　マーティン・ルーサー・キング・Jr.

ミリオネーゼたちからもらった最も勇気づけられるメッセージは、「できるという確固たる自信はなくてもいい」ということ。

自分が手に入れたいものは何なのかを自覚し、必ず達成すると決意し、積極的に取り組むだけでいいのだ。

ミリオネーゼたちがひとたび高い収入に目標を定めると、不思議なことにそれが現実になった。成功する確証がまったくない目標を立てたそのときから、巨大な力が動き始めるのだ。

「彼女たちが成功できたのはラッキーだったから」と言う人もいる。

しかし私が見る限り、幸運というのは〝決意〟についてくる場合が多い。決意が磁石となって、前へ進むために必要なものを引き寄せてくれるのだ。

強い意志を持って決意さえすれば、周りの人に「そんなの無茶だ」と言われたときも、目標と現実がかけ離れているときも、〝決意〟が、力強く優しい手のように背中を押して、「歩き続けなさい」とささやいてくれる。

これに励まされた私は、この本を書くにあたって付箋に12万5000ドルと書き込んで、パソコンに貼り、その年の目標年収とした。どうやったら達成できるのか、まったく見当もつかない。

でも、マーティン・ルーサー・キング・Jr.牧師も言っている。「階段は全部見えなくてもいい。最初の一段を、自信を持って上がりなさい」と！

成功できる確信があるかどうかは、大した問題ではない。
決意さえあれば、いつかは達成できる。

「『できる』と言う自分と『無理よ』と言う自分がいた。きっと前者の方が強かったんでしょうね」

――チャールズ・シュワブ社　総務部長　ベス

収入を増やしたいと思ってがんばっているのに、手にするお金が少ないのはなぜ？

成功を望む気持ちが強いのに、結果が出ないのはなぜ？


あなたがもしそうした不満を抱えているのであれば、アドバイスは一つ。

手に入れられるのは、自分が心からほしいと思うものだけ、ということ。

チャールズ・シュワブ社の総務部長をしているベスは、年収1000万円以上を目標に決めたときのことをこう語った。

「スタンフォード大学時代には、とても野心的な人たちに囲まれていた。だからイージーに生きるのをやめて、がんばって成功者の仲間入りをすることに決めた。心の中には、『できる』と言う自分と『無理よ』と言う自分がいた。きっと前者の方が強かったんでしょうね」

高収入を手にする人とそうでない人の最大の違いがここにある。

収入が低い人の心の中は、「無理よ」と言う自分が一番強い。心の奥底にある欲求（例えば〝楽をしたい〟など）が、表にある〝収入を増やしたい〟という欲求よりも強いと、いつも自分にストップをかけてしまう。努力することを避け、間違った選択をし、さまざまな口実をみつけて自分の行動を正当化する。

〝収入を増やしたい〟と口で言いながらも（実際そう思っていたとしても）、脳に届いているのは別のメッセージなのだ。

自分が本当に何を一番望んでいるのか知りたければ、今の生活を見るといい。

給料が少な過ぎてお金に困っていたり、セレブな人の存在が遠くに見えたりするなら、決意ができていないか、実はお金を稼ぎたくないと思っているかのどちらか。

結局のところ、〝決意していない〟ということは、それ自体が一種の決意なのである。

「心から成功を望むなら、「できる」と言う方の自分の声に耳を傾ける。」

「大切なのは、何が大事か知ること」

――とあるNYのキャリア女性

今、あなたは人生の幕引きを迎えているとします。これまでの人生を振り返って、最も幸せだったこと、自分の生き方で最も満足できたことはなんですか？

経営コンサルタントのキャロルは、この質問に答えることで、自分にとって一番大事なことがわかったという。

「それまでは、簡単にそのときどきの興味に引きずられていました。ある時、中国でビジネスを始める男性が、その会社の役員になってくれないかと誘ってくれました。以前の私なら、すぐに引き受けていたでしょう。面白そうですし、人から頼りにされることを誇りに思っていましたから。でも中国で仕事をすれば、本当に大事なものから引き裂かれることになります。だから断るのは簡単でした」

ミリオネーゼたちは、成功を手にする前に——一人、もしくは友人とコーヒーを飲みながら——ペンを手にとり、「自分を動かしているのは何か」「何に縛りつけられているのか」「本当にしたいことは何か」「自分が心から愛する仕事は何か」などを書き出していた。

本当の自分を知り、心の奥底にある欲求を理解したとき、人生は急展開するのだ。

あるミリオネーゼはこう言った。

「どんなに忙しくても、自分にとって大事なことなら、そのための時間はとれる。大切なのは、何が大事か知ること」

さあ、あなたも紙とペンを手にとって、自分の心に問いかけてみよう。

自分にとって大事なことを5つ思い浮かべて、ほかは忘れてしまおう。

独立

個性

創造性

誠実

親交

知識

真実

名誉

権力

影響

成功

平和

安全

自立心

自尊心

心の安らぎ

愛国心

敬虔な心

心が広いこと

自由であること

自分の才能を活かすこと

目標の達成

リーダーシップ

人に差をつけること

体を動かすこと

一人でいる時間

世界を見ること

定年後の人生

財産を遺すこと

あなたが持っている価値観は？

自分の価値観をはっきりさせる――これは、人生を意味あるものにするためにも、幸福や人生への満足感を手にするためにも欠かせないことです。

① 下記の項目の中で、自分にとって重要なものを10個えらび、○をつけてください。ただし、最初に直感した通りに答えること。
② ○をつけた10個のなかで、ベスト5を選んで、重要度に応じて1～5までの番号を振ってください。

愛	余暇
家族	冒険
育児	発見
生涯の伴侶	奉仕
神	友愛
地域社会	慈善
尊厳	美
健康	質素
成長	正直
学習	謙虚

第3章

今あるものを手放す

──ルール16：今あるものにしがみつかない

「今の自分にとらわれると、未来は決して花開かないだろう。そっと今の自分を手放すわざを磨かないといけない」

──作家　サム・キーン

岩場で足を踏みはずし、絶壁の縁まですべり落ちた女性登山家の話がある。

彼女は、空中に放り出される寸前で岩の出っぱりをつかみ、崖の下にぶら下がった。

「神様、助けて！　助けにきて！」彼女は必死に叫んだ。

すると、神は答えた。

「よろしい。助けてあげよう。だがその前に、おまえはしなければならないことがある」

「神様、何でもいたします。どうすればいいのですか」

「その岩から手を放しなさい」


取材した女性たちが、成功への道を進み出すときに例外なく求められたのは、まさにこれと同じことだった。岩から手を放さなければならなかったのだ。

その岩はカタチのあるものから目には見えないものまでさまざま。能力を生かせない仕事、不愉快な人間関係、間違った信念、ムダな習慣、危険な感情……。
行きたいところに行くためには、今いるところを離れなければならない。
これは見過ごされがちだけど、成功を手に入れるためには必須のルールなのだ。

コンサルタントだったキャレンは、会社をやめて作家になる決心をしたときのことをこう語る。

「崖から飛び降りるようなものでしたよ。居心地のいい会社と安定した収入を捨てて、未知の世界に飛び込むのですから。それはもう怖かった」

「じゃあ、なぜ会社をやめたのですか?」と聞くと、こう返ってきた。

「自分をもっと大きくしたかったから。もっと稼ぎたかったからじゃないのよ」

望みを高く持ち、成功することを祈り、たっぷりのポジティブな心とわずかな保証を支えに、彼女たちは岩から手を放したのである。

「慣れ親しんだ安穏さにしがみついていると、来るべき未来はつかめない。」

「一つの扉を閉めれば、他の扉が開くってことに気付いたの」

――ミュージシャン　ベット

一つ確かなことがある。手を放すのは口で言うのはたやすいが、実行するのははるかに難しいということだ。

経営コンサルタントのキャロルは、クライアントとそりが合わないにもかかわらず、取引関係をきっぱりと解消するまでに二年という歳月がかかってしまった。

「あの二年間ほど、経済的に苦しかったことはありません。銀行にはわずかな貯金しかなく、どうしたらいいか見当もつかなかった」

とうとう勇気を出して取引関係を絶ったとき、知人から思いがけない電話が入り、たくさんの注文が舞い込んだ。

自分の利益にならないことをやめ、自らの才覚を信頼して次の行動に移る方策を探り始めたときに、キャロルの人生は成功へと向かいだしたのだ。

「自分に正直になれば人生はうまくいくけれど、そうでないときはうまくいかない。そのことをいつも忘れないようにしています」

キャロルの話はただの偶然による夢物語に聞こえるかもしれない。しかし、成功のルールからすると、結果が出るのは当然だ。〝決意〟は幸運を引き寄せてくれる磁石だし、〝手放す〟ことは目標を達成するための場を生み出してくれるものなのだ。

ミュージシャンのベットは、大物歌手であるホイットニー・ヒューストンのワールドツアーに同行するという、人もうらやむおいしい仕事を断った。しかし、その直後、地元ニューヨークのテレビ番組で流されるテーマソングを作曲するという、もっと収入のいい仕事が舞い込んだのだ。ベットはこう語った。

「向こうを断ったから、新しい扉が開いて、もっと割のいい仕事が見つかったんだと思う。一つの扉を閉めれば、他の扉が開くってことに気付いたの」

「自分に正直になり、いらないと思ったものは勇気を出して手放してみる。」

「人生ではじめて経験する大きな賭けでした。それでも、変わるべきだと思ったんです」

——投資銀行役員　ミリアム

たとえ人生がうまくいっていなかったとしても、今のままでいたいという誘惑は大きい。乗っているボートをわざわざ揺らして、何もないところに波風を立て、変化の嵐に身を投じたいと思う人がいるだろうか。それなりに満足のいっているものを捨て、何の確証もない世界に入ろうとするのは、究極の勇気ある行為だ。

投資銀行役員のミリアムは、もし画廊経営を続けていたら、今ほどの成功は収められなかっただろうと振り返る。

「芸術の世界は好きでした。画廊経営をやめるとき、その世界で親しかった人々をみんな失うのではないかと不安でした。でも大事な関係は、ほとんどそのまま残っています。実際、仕事を変えて、失ったものもあります。人生ではじめて経験する大きな賭けでした。それでも、変わるべきだと思ったんです」

手放すべきものは、目に見えない場合もある。

私たちの意思決定を司る、心の中の観念がその一つだ。

精神修行では、指導者は最初に修行者の観念を突き崩そうとする。禅の修行でよく言われるのは、〝溢れそうな茶碗〟だ。お茶を注ぐためには、中のもの取り除いて、茶碗を空にしなければならない。同じように、もし心が型にはまった考えで溢れているならば、新たな考えが入り込む余地はない。

前に進もうとするなら、自分の中にあるものを否定するしかない。自分の置かれた状況を本当に変えたいなら、成功へと続く道に立ちふさがる自分の分身をどかさなければならない。

ミリオネーゼたちはみな、コップの中に溢れんばかりに入っていた水を空にしたのだ。そうしてはじめて、何にも縛られずに、新しい観点に立って、これまでとは異なる選択ができるようになったのである。

「より良きものを得るためには、古きものをどけるしかない。」

「起業したいから会社をやめると両親に伝えるのが怖かったの。もう立派な大人なのに！」

——コンサルティング会社 経営者 メアリー

自分が岩に長くしがみつき過ぎていると、どうしたらわかるのか？
行き詰まったと感じたとき。それが岩から手を放す好機である。
では、その時に手放すべきものはなにか？
それは、自分が手放したくないと思っているものだ。

手放すことによる喪失感は、必ず不安を生み出す。成功を収めるには、不安と恐怖は避けられない。成功をつかむには、この不安と恐怖に耐え、突き進むしかない。
もちろん、それは決して簡単なことではない。

スザンナ・マクマホンは『すぐに使える心理療法の手引き（Portable Therapist）』にこう書いている。

「たとえ足手まといになっているものでも、捨ててしまえば何も残らなくなるのではないかと私たちは恐れる。今まで持っていたものを手放すのが難しい第一の理由はここにある。第二の理由は、いつになっても両親を喜ばせたがっていることだ」

メアリーが、記者をやめてコンサルティング会社を起業するかどうか思い悩んだ理由を聞いたとき、私は思わず笑ってしまった。

「家庭を持って、42歳にもなっていたのに、当時は、起業したいから会社をやめると両親に伝えるのが怖かったの。もう立派な大人なのに！」

目の前の現実を重視し過ぎて、悲観的になったり、自分を過小評価してはいけない。それは、恐怖のしもべになっているだけなのだ。

ためらうのは正常なことだ。
それでもなお、岩から手を放す努力をすべきである。

――ルール20：5つの秘訣でうまく手放す

ここで、手放すための5つの秘訣をご紹介。

①固い決意を持ち続ける

きちんとした目標があれば、必然的に固い決意が生まれる。ミリオネーゼたちが岩から手を放す勇気を持てたのは、この固い決意のおかげだった。

②手放すべきものは何かを考える

手放すべきものについては、次のことに直感に従って答えてみるとわかる。

・目標を達成できないのは、何のせいだと心の中で思っているか？
・自分の役に立っていない状況、人間関係、信条、考え方は何か？
・もし、あと1年しか生きられないとしたら、どこで誰と何をしたいか？

③お金について否定的に捉えない

フィル・ロートは『お金は友だち（Money Is My Friend）』の中で、「すべての富は人間の頭が生み出すものである」と語り、こう自問自答するように勧めている。

・自分の人生が今のようになったのは、どんな考え方をしてきたからなのか？
・お金について自分が抱いている否定的な考えを10あげよ。
そして、その否定的なその考えを引っくり返して、肯定的な考え方に直せ。

④ 手放すまでに時間をかける

実際、手放すことは一夜にしてできるわけではない。第三者には、突然のひらめきで衝動的に動いているように見えるかもしれないが、おそらくそれは、本人の中で、しばらくの間くすぶり続けてきたものだ。その方がかえっていい。変化が急過ぎると方向を見失い、つぶされてしまうこともあるのだから。

⑤ ちゃんと恐怖を感じる

恐怖を認め、それと向き合いながら行動すると、大きな創造性が発揮される。

『不安の意味（The Meaning of Anxiety）』の著者である心理学者ロロ・メイは、不安が与える不愉快さにはちゃんとした意味があると言っている。

「不安がなければ目をそらしていたかもしれない経験が、不安を感じることで浮かび上がる。私たちは不安に触発されて問題解決の新しい方法を見つけるのだ」

あなたがとらわれている お金のイメージは？

次の質問に対する自分の考えを書いてください。
あまり考え込まず、瞬時に答えること。

① 幼い頃のお金にまつわる最初の思い出にはどんなものがありますか？

② 大きくなってお小遣いをもらうようになりましたか？
家事のお手伝いや成績アップでご褒美はもらえましたか？
どんなときにお金をもらいましたか（あるいは、もらえませんでしたか）？

③ 働いてお金をもらうようになったのは、何歳のときからですか？
その仕事の内容は？　そのときどう感じましたか？
一番多かったときと一番少なかったときの収入はいくらですか？

④ 家族の中で、お金はどのように扱われていましたか？
仕事とお金について、どう教えられていましたか？
母親のお金に対する姿勢はどうでしたか？　父親は？
お金に対して、何かトラウマはありますか？

⑤ 若かった頃、お金に関する一番の心配は何でしたか？
両親の心配は？　現在はどうですか？

参考資料：キャレン・マコール著
『It's Your Money : Achieving Financial Well-Being(Chronicle Books,2000)』

第4章

「ゲーム」に参加する

「私が好成績を収めているのは、なぜかわかりますか。負けるのを嫌う以上に、勝つことが好きだからです」

――ニューヨーク銀行 上席幹部 カレン

講演家のラリーは、あるとき私にこう教えてくれたのだ。

「人生には二つのゲームがあります。たいていの人が参加しているのは〝負けない〟ことがゴールのゲームで、要は回避のゲームです。このゲームの参加者は『危険を冒して失敗した』と思われるのを非常に恐れるので、本当の成功は決して得られません」

〝負けない〟ゲームに参加する人の望みはただ一つ、安全にやることだ。

口では成功を望んでいても、〝負けない〟ゲームに参加しているのであれば、居心地のよさや安心感がほしいのが本音だ。

たいていの人は〝負けない〟ゲームに参加し、収入の低い仕事にとどまっている。

しかし成功する人たちは、これとは反対に、〝勝つ〟ことがゴールのゲームに参加している。

カレンは大きな顧客を失ったとき、上司に向かってこう言ったそうだ。

「私が好成績を収めているのは、なぜかわかりますか。負けるのを嫌う以上に、勝つことが好きだからです。マイナスではなく、プラスに目を向けるんです」

ミリオネーゼは、失敗は避けられないものだと考えている。危険回避ために自分のプランを台無しにしたりはしない。敗北にではなく、勝利に意識を集中する。

つまり、大事なのは、成功しないことがゴールのゲームに参加している自分に、できるだけ早い段階で気づくことだ。

ミリオネーゼであっても、極度の恐怖にさらされると、〝負けない〟ゲームへ移動してしまう人も多い。窮地に立たされても踏ん張って、〝勝つ〟ことがゴールのゲームに参加し続けることが、成功の第一条件なのだ。

〝勝つ〟ことがゴールのゲームに参加し、ベストを尽くして、最後まで戦い抜く。

「その人を見て思ったの。『私もあの人みたいになってみせる』って」

――サイバースタッフアメリカ社　最高経営責任者　バーバラ

その日もいつもと同じように始まった。

バーバラは今日も医療技術者の採用面接に行く途中だった。その瞬間、彼女の人生を変える出来事が起こる。ある光景が目に飛び込んできた。それはタクシーを降りようとしている一人の女性の姿だった。

「彼女は青いスーツに白いシャツ、青いパンプスという装いで、ブリーフケースを持っていた。一分の隙もない服装だったわ」

バーバラはそのとき離婚したばかりで、お金はなく、子どもを二人抱えていた。

「その人を見て思ったの。『私もあの人みたいになってみせる』って。その女性がビジネスウーマンとしての私のロールモデルになった。早速青いスーツやら何やら一式買ったわ。そうやって始めたのよ」

その言葉通り、4ヵ月後にはバーバラはコピー機のセールスで4万ドルの収入を上げ、その年の終わりには6万ドルにまで到達した。現在は自分で起業したサイバースタッフアメリカ社の最高経営責任者として、年収100万ドルを稼いでいる。

青いスーツの女性との一瞬の出会いは、バーバラが人生の決意のときを迎えた決定的瞬間となったのだ。

しかし自力でミリオネーゼになるには、ただの青いスーツだけで足りるわけがない。「なぜそんなに短期間で成功できたのですか？」とたずねると、バーバラは少しむっとしたようにこう言った。

「ゲームに参加し、最後まで抜けなかった。他に道はないの。楽でないときもある。勝てないこともある。ときには負け犬気分にもなった。でも、やめないで着実にがんばれば、上昇気流に乗る日がやってくるの」

自分が目指したいと思えるものを見つけたら、迷わず目標に設定する。

――ルール23：準備なんかしてないで、とにかく飛び込む

「迷ったときは行動すること。何でもいいからやるの」

――とあるNYのキャリア女性

何かを得たいと思ったら、道はただ一つ、迷わずに飛び込むことだ。

どこからでもいい。意思を固め、岩から手を放し、すぐに始めるのだ。私が取材した女性たちはみな、それぞれ自分らしい独自のやり方で新しい世界に飛び込んでいた。

〝勝つ〟ことがゴールのゲームの一番いいところは、用意ができていようがいまいが、いつでもスタートできるということだ。準備を万全に整えたり、あらかじめ道筋を決めておいたりしなくてもいい。十分な訓練もちゃんとした教育も必要ない。ありていに言えば、予備知識がなくてもかまわないのだ。何でもいいからとにかく始めることだ。

ある女性はこう話してくれた。

「20代の若い人に助言するときはいつもこう言います。『迷ったときは行動すること。何でもいいからやるの。じっと座って、やるべきことをリストアップしていても、アッ

という間に時間が過ぎるだけよ』って。」

アンディは最近、9年間の子育て期間を終え、ケーブルネットワークとインターネット関連の会社で働き始めた。

「深呼吸を一つして、飛び込んだの。コンピュータの知識はほとんどゼロだった。昔働いていた頃は大して必要じゃなかったから。仕事の半分は新しい専門用語を片っ端から覚えること。一生懸命に独学もしたし、人の話に耳を澄ませ、どんな会合にでも顔を出して、いろんな人と話をした。すべてが勉強の糧でした。この仕事のおかげで、思いもよらなかった能力が自分にあるってことに気づけたの」

どれだけ知っているかは問題ではない。大切なのはただ一つ、学ぶ意欲があることだ。確かに、いきなり新しい世界に飛び込むのは大変な恐怖かもしれない。不安にさいなまれながらも、それでも決して逃げ出さなかった人がミリオネーゼになれるのだ。

準備や知識なんて必要ない。
かっこよく始めようなんて思う必要もない。

―ルール24：成功するまで粘り強く続ける

「途中でゲームを降りてしまわないように、毎朝起きるときに『さぁ、がんばるぞ』と声に出すの」

――とあるNYのキャリア女性

〝勝つ〟ことがゴールのゲームでは、粘り強さが必須条件だ。

この〝粘り強く続ける〟というルールを守れば、大変な仕事の向こうに成功が待っている。グラフィックデザイナーのミシェルは言う。

「一生懸命がんばっていればきっと夢は実現する、という信念がなければだめです。私は自分を甘やかしたりしませんでした。どんな仕事でも引き受け、セールスの電話もじゃんじゃんかけました。人と会うたびに自分の仕事を説明して、注文をとったんです」

仕事を始めたばかりの頃は特にそうだが、うまくいかないときや中だるみのときも、このルールを守ることが重要だ。

私たち女性は、成功へと進む間に何度か思いがけなく針路変更を迫られたり、先が見えなくなったりする。病気や不況など、予期せぬ出来事でゲームから弾き出されそうになったこともあるだろう。一時、脇道に入り込んでしまう人もいる。しかし目的地を見失わなければ、ゲームにとどまることができるのだ。

「途中でゲームを降りてしまわないように、毎朝起きるとき、『さぁ、がんばるぞ』と声に出して言うの」

〝勝つ〟ことがゴールのゲームは楽しい反面、悔しい思いをさせられて消耗してしまうことも多い。ミリオネーゼたちは、なぜ疲れも見せずにコツコツと働き続けられるのだろう？　その秘訣は、〝仕事が好き〟なことだ。

「他の人と一緒にものを作り上げていくのが大好きなんです」と、ミシェルは言う。

「クライアントの手助けをするのが一番の喜びです」と、投資アドバイザーのアイリーンは言う。作家のゲリーも同じだ。

「好きなことをしていれば、すべてはうまくいくものよ」

少しの才能と大量の粘り強さがあれば、できないことなど一つもない。

「みんな、私を『幸運に恵まれた人』って言う。でも、誰にだって人生で一度は、幸運が訪れるはず」

——メイクアップアーティスト　クリス

思い切って〝勝つ〟ことがゴールのゲームに参加し、粘り強く続けるとする。その過程で、大事なポイントがある。それは、〝チャンスをつかみとる〟ということだ。

成功した人たちは、自分のサクセスストーリーが〝幸運〟とともに始まったと言う。しかし、実のところ、幸運な出来事は、成功した人だけでなく、誰の周りにも転がっているのだ。いわゆる〝幸運な人〟とは、自分に起こった出来事にチャンスがひそんでいることを見抜いて、すばやく活用できているだけなのだ。

「みんな、私を『幸運に恵まれた人』って言う。でも、誰にだって人生で一度は、幸運が訪れるはず。ただ、チャンスが来たときに、ちゃんとつかまえられるよう、日頃から備えておく必要があるし、チャンスをつかめたなら熱意を持ってどんどん進めていかなくちゃいけないのよ」

そう語るメイクアップアーティストのクリスにチャンスが訪れたのは、テレビ番組の司会者バーバラ・ウォルタースのメイク担当が病気で休んだときだった。

「バーバラの仕事を始めたときの私は、名もないメイク担当だった。でも、みんなが私を気に入ってくれて、結局バーバラの担当として2年間働くことができたの」

こうした例は、偶然、幸運をつかんだように聞こえるかもしれない。

しかし、決してそんなことはない。ミリオネーゼたちは、チャンスをつかむために、他の人が足を踏み入れたがらないところにまで入って行くのだ。

シェイラは、テレビ局の簡単な仕事でさえも33回の不採用通知を受け取っていた。

「みんな言いました。『シアトルみたいなテレビ業界が盛んなところで仕事を始めるなんて無理だ』って。でも私は、懲りもせずに応募し続けた。最後に、あるテレビ局に行って、面接官の女性に『チャンスをください。ボランティアでもかまいません』と言ったんです。半年後、ボランティアの身分から正社員になりました。それが結局はアンカーやリポーターという仕事に結びついたんです」

幸運には勇気が必要なのだ。

〝幸運〟は天から降ってくるものではなくて、
自分で作り出すものなのだ。

――ルール26：いっさい言い訳はしない

「自分に足りないスキルを、できない理由にしたりはしませんでした」

――インターネット関連会社 アンディ

成功を目指す人にとって、〝言い訳〟はダイエット中のドーナツのようなものだ。絶対禁止で、破れば失敗のもとになる。このルールを守れないと、〝勝つ〟ことがゴールのゲームから追い出されることになる。

成功できなかった理由をもっともらしく並べ立てる人もいる。「1000万円以上の収入を得ようなどと考えること自体が間違っている」と、見事に論理的で説得力のある言い訳をする。こうした言い訳を自ら拒否できるかどうかが、ミリオネーゼになれるか否かの分岐点になる。言い訳は逃げ口上でしかない。「できない」と言うのは、「怖い」と言うのと同じなのだ。

ゲームの大半は頭の中で行われる。進めるのは自分が信じられるところまでだ。

高卒の主婦からニューヨーク銀行の上席幹部になったカレンは言う。

「自信があれば、大学の卒業資格なんか問題じゃありませんよ」

彼女たちの話を聞くと、「思考は現実化する」という、あの昔からの格言が本当だとわかる。最高の収入を手にする人たちが、ゲームを有利に進める秘訣がここにある。

彼女たちは、避けたいことよりも自分がやるべきことに意識を集中する。困難は承知の上で、最大限の努力をするのだ。


専業主婦だったアンディが、インターネットの世界に飛び込んで成功したのも同じやり方だった。

「自分に足りないスキルを、できない理由にしたりはしませんでした。こう考えただけです。『私にはできる。身を粉にして働くことになるけど、絶対にやってみせる』」

メイクアップアーティストのクリスは言う。

「『仕事が少ない』とか『競争相手が多過ぎる』という声に耳を傾けたらだめなのよ。それを認めていたら、成功には永遠に手が届かないわ」


言い訳は簡単にいくらでも作れるが、成功には一ミリも役に立たない。

――ルール27：批判や悲観的な忠告は受け流す

「批判の声だってうまく活用すれば、その分、成功は大きくなると考えることにしました」

――アンカー　シェイラ

何をするにも、計画に水を差す人は必ずいるもの。〝勝つ〟ことがゴールのゲームから抜けたくなければ、ある賢者も言っているように、「犬には吠えさせておけ」なのだ。

「もう若くないんだから」「何もそんな危ない橋を渡らなくても……」といった忠告は、新しいことを始めるときにはつきものだ。水を差すような悲観的なことを言う人は、必ずしも悪意があって言っているわけではない。何かこれまでと違ったことを思い切ってやろうとすると、善意で「つまらないことを考えるな」と忠告してくる。

それに、どうやら自分に自信がないほど、そうした忠告が悲観的に聞こえてしまうようだ。そんな忠告に負けてしまうのは、そもそもやり遂げるだけの根性がなかったということ。

誰かに言われたことを、自分に対する批判と考えて、自分を責めて痛みを深刻化させしまう人は多い。でも、ミリオネーゼたちは違う。自制心を呼び覚まして、元気の出る本を読み、友人たちと話し合い、見方を変えることで、批判の矢をかわしてきたのだ。

TV番組のアンカーを務めるシェイラは言う。

「批判は成功に不可欠なのだ、と自分に言い聞かせるしかありませんでした。批判の声だってうまく活用すれば、その分、成功は大きくなると考えることにしたんです」

投資アドバイザーのアイリーンは仕事を始めたばかりの頃、ある会議で男性からひどいことを言われた。アイリーンは「ずいぶん失礼なことを言うのね。気分が悪いわ」と言い返すと、彼は「そうかね。乗り越えるんだな」と答えたそうだ。

「その通りだったわ」と、アイリーンは言う。

「ゲームに参加したのは私なんだから。フットボールの試合に出て、他の選手に『プレーしたいけど、あまり強くタックルしないで』なんて言わないでしょ？」

政治家のアドライの言葉を借りれば、こう。

「痛みは避けられない。でも、それを痛みと感じるかどうかはその人次第だ」


「批判や「やめておいた方がいい」なんて忠告は、成功へ向かう道で必ず通るお決まりの登竜門。」

これによって、あなたのモチベーションが刺激されるパターンがわかります。自分は何によって、やる気のスイッチが入るのかを知ることで、今の自分に欠けていること、次の仕事で得るべきものがわかります。

例えば、人助けがあなたのモチベーションになるのに、それができない仕事なら、不満の要因は明らかではないでしょうか。

		Ⅰ	Ⅱ	Ⅲ
ステップ1	年齢グループ	歳～　歳	歳～　歳	歳～　歳
	その時の特技			
ステップ2	成功時の年齢	歳	歳	歳
	成功体験			
	成功要因			

ステップ3	共通するスキル	
	共通する興味関心	
	共通する人間関係	
	共通して嬉しかった点	

あなたのモチベーションを上げるものは何？

ステップ1

まず、あなたがこれまで生きてきた時間を三等分し、右の表に書き込んでください。（たとえば、42歳であれば、1～14歳、15～28歳、29～42歳というように）
次に、あなたの特技を、同じく右の表に書いてください。
「うまくいったこと」「楽しくやれたこと」「ほかの人がどう思おうと自分では気分がよかったこと」など、過去の経験を思いつくまま挙げてください。
（靴ひもが結べるようになった、詩を書いた、パーティーを開いた、仕事が見つかったなど、どんなことでもＯＫ。ここで重要なのは、気分よく、楽しく、うまくやれたと思えることです）

ステップ2

各年齢グループ（Ⅰ～Ⅲ）で成功した体験をそれぞれ思い出して、成功体験と成功要因を右の表に書きだしてみましょう。

成功体験：成功した経験は具体的にはどんなものですか？
成功要因：成功した理由は何だと思いますか？
　　　　　成功するためにどんなことをしたか詳しく書いてください

ステップ3

右の表に書き出された言葉をじっと眺めて、共通するパターンを見つけ出してください。
すべての経験に共通するスキルや興味関心、人間関係、嬉しかったことにはどんなものがありますか？

同じ経験をしたとしても、何が嬉しかったかは人によって異なります。例えば、子どもの頃に物語を書いていたとして、誰かに褒められたことを喜ぶ人と、自分でものを創り出したことに喜ぶ人がいます。その違いを意識して、考えてみてください。

第5章

はっきりと自分の意見を言う

「女性は世界に向かって言わなければならない。『私はこれが得意。私にはこれだけの価値がある』と」

――キャリアカウンセラー　パティ・ウィルソン

非常に難しいことではあるけれども、勇気を出して自分の希望をはっきり表明すれば、たいていの場合は、周りの人は尊重してくれるものだ。

ジェナは世界最高レベルの研究所の副所長に抜擢されたとき、そのことを悟った。

「男性所員たちは、直属の上司が私だと聞くと騒ぎ出しました。女性は私だけしかいなくて、その上、博士号も持っていないので、何様のつもりか、というわけです。もちろん泣きたい思いでしたよ。話す機会も与えてくれなかったんですから。だから最初の会議のときに、部屋に入って行ってこう言ったんです。『みなさんは私が上司になるのを望んでいないと聞きました』。部屋はシーンとなりました。続けてこう言いました。『私と一緒に仕事をするか、私にたてつくか、どちらかです。もし、たてつけば、私の仕事は失敗に終わります。しかし同時に、あなた方の仕事も失敗することになります』。会議が終わる頃には、みんな私の言うことを聞いてくれるようになっていました」

そう言った後、ジェナは静かにこうつけ加えた。

「本当は足が震えていました」

「自分の運命は自分で決めなさい。そうしないと、あなたの運命を他人の手に委ねることになってしまいますよ」と、誰かが言うのを聞いたことがある。

自分の要求、気持ち、考えは、声に出して言わないと、自分の人生の決定権が他の人に奪われてしまう。じっと黙ってないで、はっきり意見を言えば、周囲からも尊敬されるようになる。そうして、決定権を取り戻せば、人生はとたんに一変するのだ。


女性はもっと言っていい。

「私にはこれだけの価値があります」と。

「女性がストレートな物言いをすると、嫌なやつだと思われる。男性だと威勢がいいって尊敬されるのに」

――とあるＮＹのキャリア女性

本書に書かれているルールの中で、女性にとって恐らく最も難しいのは、はっきりと意見を言うことだ。なぜ、女性は自己主張をためらうのだろうか。

それは一つには、そういう育てられ方をしたからだ。私の主催したセミナーで、参加者の女性が言った次の言葉に、部屋中のみんながうなずいたのを覚えている。

「子どもの頃、『いい子にしていなさい。人から話しかけられるまで、自分から口を開いてはいけません。口答えもだめですよ』としつけられてきました。女の子は隅っこでおとなしくしているのが当たり前。大人になって、自己主張することにどうしても苦痛を感じてしまうのは、そのせいだと思います」

ある調査によれば、自己主張の強い有能な女性は、他人、特に男性に嫌われることが多い。自己主張が強い男性は、上司から高い評価を受けるが、同じようなタイプの女性への評価は低いという調査結果もあった。自己主張の強い男性は尊敬されて、自己主張の強い女性は敬遠されるという、このダブルスタンダードはいまだに一掃されていない。

「会議で、女性がストレートな物言いをすると、嫌なやつだと思われる。男性だと威勢がいいって尊敬されるのに。ひどい話です」

自信を持って大胆に行動しているときに〝嫌な女〟という烙印を押されると、バリバリ稼ぐキャリア女性でもひるんでしまう。

女性はもともと対人関係に敏感だ。人に好かれたい、あるいは嫌われたくないという気持ちが災いして、自分の立場をはっきりさせないことはよくある。もったいない話だ。

もう一つのよくある失敗は、周囲の人が自分の要望を察してくれるものと考えることだ。その結果、自分の要求を口にしないし、わざわざ言うのを嫌がる。

しかし、こういう考え方をしていると、ひかえめな行動に終始して、いつまでも犠牲者の立場から抜け出せないのだ。

自分の意見ははっきり言っていい。
それを抑えつける権利なんてどの男性にもない。

「頭の中に、自分の価値を認めようとしないもう一人の私がいた。その壁を乗り越えたら、上限がなくなりました」

――広報コンサルタント　リスベス

女性が要求を声に出すのをためらってしまうのは、自分を過小評価する習癖があるからだ。自分の存在価値を信じなければ、意見や要望はなかなか言えない。だから、積極的に自分で自分の価値を認めること、そして他人にも認めさせることが必要なのである。自分の存在価値に自信を持つと、高収入はおのずとついてくる。そうなるように自分自身が行動し始めるからだ。

広報コンサルタントのリスベスは言う。

「心の奥底では、自分にはもっと高額の報酬をもらうだけの価値があると信じていたし、自分の価値に見合う報酬をちゃんと要求しなければいけないとわかっていました。でも、頭の中に、自分の価値を認めようとしないもう一人の私がいた。その壁を乗り越えたら、上限がなくなりました」

では、どうしたら自分の存在価値に自信が持てるようになるのか。

まず、小さな成果やちょっとした勝利が得られるたびに、自分を正当に評価するのだ。そうすることで、自分の存在価値への確信は強くなっていく。

あくまでも、目標は大きく掲げ、小さな成果を重ねるたびに、さらにどんどん大きくしていくべき。

大半の人が、無意識のうちに期待する水準を低く抑え、限られた収入で満足してしまっているのだ。

「ほしいものを手に入れたければ、
自分にはそれだけの価値があると信じなければならない。」

「私も価値のある人間のフリをすることにしたの」

――とあるNYのキャリア女性

自分の要求を主張するには、大きな勇気がいる。

ミリオネーゼだって、自分の価値に疑問を抱くことは多々ある。彼女たちの違いは、他人の目には自信に満ちているように見えるということだ。勇気がなくても、勇気があるフリをすることはできるのだ。

オーナーに1000万円以上の年俸を要求したシェフのトラシは、それを心得ていた。

「最初は実際の希望よりも少し高い金額を提示しました。交渉しながら、下げていったんです。最終的には、ほしかった額に決まりましたよ」

「そんなに強気に出たんですか。自信たっぷりなんですね」と、私は思わず言った。

すると彼女は笑った。

「とんでもない。そういうフリをするしかなかったんです」

私の友人もトラシと同じような戦術をとり始めた。

「私も価値のある人間のフリをすることにしたの。本当は自分に価値があると思えないことの方が多いけど」

こう私に言った友人は、次に会ったときに心の持ちようが一変していた。

「驚かないで。私、自分の価値が信じられるようになってきたの」

高い価値のある人間のように振る舞っていると、自分でもそう思い込むようになるのだ。

作家のアニータは言う。

「他の女性に助言するとしたら、『これ以上議論する余地はないというフリをして』と言うでしょうね。つまり、原稿料を提示する時には、『もちろん、この額は払っていただきますよ』と聞こえるような言い方をするんです。自信を持って行動すればするほど、要求が通りやすくなります」

ほしいものを手に入れようと思ったら
率直に、自信を持って、遠慮せずに行動するのが一番だ。

「自分の価値を会社に認識させるべきです。会社に貢献したことを全部記録しておくのです」

――出版社役員　サリー

当たり前のことだが、自分の要求を通すためには交渉しなければならない。

出版社役員のサリーはこう言う。

「自分の価値を会社に認識させるべきです。出費をこれだけ抑えたとか、自分の提案によって売上が大幅に伸びたとか、いろいろあるでしょう。仕事の内容が何であれ、自分が会社に貢献したことを全部記録しておくのです。そして、人事査定にはそのファイルを持ってのぞんでください」

多くの賢い女性たちが同じ方法を勧めている。自分の価値や会社への貢献度を効果的に示すには、自分で主導権を握るべきなのだ。相手が自分の業績を軽んじたり、意図的に過小評価したりしないように、目に見える証拠を用意するとよい。

交渉を有利に進めるには、駆け引きのタイミングを知っている必要がある。どこで交渉を打ち切るか、許容できる最低額はいくらか、首を横に振るのはどの時点か。

メイクアップアーティストのクリスはかなりキッパリとしている。

「施術前にお客様に料金を告げて、もし相手が『それじゃ高過ぎる』と言ったら、『ありがとうございました』と話を終わりにするの」

ある作家が教えてくれた、「そうですねぇ」式の対応も有効だ。相手の提案にイエスかノーで答えず、考え深そうに「そうですねぇ」とだけ答えるのだ。

沈黙する方法もある。会計事務所役員のルースは言う。

「沈黙は、〝賢さ〟と勘違いしてもらえることに気付いたの。私は本当はとても明るくて外向的なタイプなんだけど、大事なときには分別ありげにうなずいて静かに座っていると効果があるみたい」

「妥協しないのは、自分の価値の表明である。
交渉を打ち切るのは、自分自身を信頼していることの表明である。」

自分が本当に欲しいものをわかってる？

次にあげる質問に瞬時に回答してみてください。

心の声に耳を傾け、お金について無意識に抱いている考えを意識の表面に浮かび上がらせてみましょう。正直に答えるほど、自分の心の内の理解に役立ちます。

① 自分は本当にもっとお金が欲しいと思っているだろうか？

② もしお金をもっと欲しいと思っているなら、それはなぜか？
もしお金を欲しいと思っていないとしたら、それはなぜか？

③ 収入をもっと増やせると、自分自身で信じているか？

④ 頭のどこかで、自分は変われないと思っていないだろうか？

⑤ もっとお金があったら、人生はどんなふうに変わるだろう？

第6章

限界を乗り越える

ルール33：できそうにないことを思い切ってやる

「成功は度胸によって生まれる」

――ベンジャミン・ディズレリ

私たちはみな、人生のさまざまなタイミングで選択を迫られる。できる範囲で満足するか？　それとも苦労の多い道を進むか？

ミリオネーゼたちにとって、その答えを決めるのは簡単だ。選択を迫られたら、迷わず苦労の多い道を選び、前に進んだ。ゲームの心得は基本的にこうだ。

「背伸びせよ。できそうにないことを思い切ってやれ」

度胸は成功をめざすための基本姿勢なのだ。

ゲームに参加するには当然勇気が必要だし、意見をはっきり示すにはずうずうしさが必要だ。

そして、居心地のいい状態から抜け出し、一見届きそうにないものを背伸びしてつかもうとする勇気もなければいけない。

たいていの場合、人はその勇気を出さないうちから、自分にはできないと考える。人生の転機を迎えるたびにそう考えるのだ。

しかし、とてもできそうにないことにあえて挑む度胸こそが、高収入を手にしている女性をさらに次の段階へと進ませる力なのだ。

収入が上がるだけではない。挑戦することによって自尊心も高まり、たいていは仕事のスキルも上がることになる。

これまでの人生で、できっこないと思っていたことをやってみたという経験はありますか？

「選択を迫られたら、苦労の多い方を選ぶ。」

「やってくれと言われたら何だってやります。やり方がわからなくても、そんなの問題ではありません」

――コンサルタント兼作家　キャレン

「私の見るところ、最も成功した人たちは、恐れを感じながらもとにかく実行しています。恐怖に負けないことが大事なんです」とキャレンは言う。

コンサルタントで作家のキャレンはビジネススクール卒業後に就職した最初の会社で、恐怖に負けないことの大事さを学んだ。ロンドンのクライアント企業に重要なプレゼンテーションを行うことになったとき、誰一人として出張の都合がつかず、新人だった彼女が一人で行かなければならなくなったのだ。

「重要な任務なので、ふつうなら少なくとも入社から5年はたっている人が担当するものなんです。私なんかまだ半年くらいでした。とても怖かったですよ。それまで一人でプレゼンテーションをした経験などありませんでしたから。そんな遠くに出張して、会社を代表してプレゼンするなんて、どれ一つとっても恐ろしいことばかり。でも、そんな不安は一切見せませんでした。黙って出かけて行って、責任を果たしたのです」

プレゼンテーションは大成功だった。キャレンは社内の誰よりも早く昇進した。

「ああいった度胸が、その後の私の人生で大いに役立ちました。みんな、拒否したり、できない理由をごまんとあげたりするでしょう。でも私は、やってくれと言われたら何だってやります。不安でも、やり方がわからなくても、そんなの問題ではありません。引き受けて、何としても突破口を見つけるのです」

このルールは短い言葉に要約できる。〝とにかく「やります」と言う〟ということだ。自分自身が望むこと、上司から頼まれることのどちらに対しても、とにかく恐れずにやってみるのだ。五里霧中でもいい。成功を手にする一番の近道は、万全の準備ができるまで待たず、チャンスが足もとに転がってくるのも待たないで、貴重なチャンスを確実に活用することなのだ。

成功と失敗は、名前が違うだけで、本質は同じもの。
だから、何も恐れずにチャンスに飛びつこう。

「強くなる方法があるとすれば、一つの声だけに耳を傾けること。『さあ、立ちなさい』という声」

――フィギュアスケート選手　ナンシー・ケリガン

成功をめざして思い切って引き受けたからといって、必ずしもすぐに大成功が得られるわけではない。やみくもに飛んだあとは、足から着地できず、地べたに顔を打ちつけてしまうこともある。成功には、大胆さのほかに、〝立ち直る力〟がカギとなるのだ。

アップル・コンピュータ社に勤めるケイティは、3年前に上司から広報部長をやらないかと打診された。新しい地位に就くと収入が跳ね上がり、権限は一挙に大きくなる。「最初は、私にできるのだろうかと考えた。広報担当者としては有能だったけど、たくさんの人を率いて、今よりもっときつい仕事をやっていけるだろうかって。自信はなかった。わざわざ危険を冒して失敗することはないんじゃないかと思ったりして」けれども、同時にこうも思ったそうだ。挑戦しないであとから後悔しないだろうか？そこで、ケイティは思い切って引き受けることにした。

はじめの数ヵ月、彼女は不安に脅えながら大変な仕事をこなし、すっかり落ち込んでしまった。

「私の忍耐力が足りなくて、部下が力を発揮できるまでゆっくり時間をかけてサポートできなかった。マネージメントの基礎知識みたいなものが欠けていたのね」

それでも、ケイティはゲームを降りなかった。

徐々に仕事のコツを覚え、落ち着きを取り戻し、最後には大きな成果を出したのだ。

「今の仕事はすごく気に入ってる。かなりの大所帯を取り仕切るのは楽しいし、成果も上がっている。成功したと思う、間違いなく」

このような成功を手にする道は一つしかない。可能な限り前進し、さらに限界を超えて進み、倒れたらまた立ち上がって進み続けることだ。オリンピックのフィギュアスケート選手だったナンシー・ケリガンがこう言ったことがある。

「強くなる方法があるとすれば、一つの声だけに耳を傾けること。『さあ、立ちなさい』という声」

挫折と失望から立ち直る力があるかどうかが、
輝かしい成功と平凡な人生の分かれ道になる。

「生まれつき才能があるわけじゃない。失敗の恐怖と向き合う中で培ってきたものなの」

――起業家　メアリー

ミリオネーゼたちは誰一人として失敗を致命的なものとはとらえていなかった。少なくとも長い目で見た場合には、失敗は問題ではない。

入札で負けたり、プロジェクトが失敗したりするのは確かに堪えるものだが、その失敗を嘆くのではなく、そこから教訓を引き出し、その後に生かそうとしていた。

自分の人生を振り返ってみて。あなたが手にした一番役に立つ教訓は、最もつらい経験から得たものではないだろうか？　負荷をかけると筋肉が強くなるように、過酷な経験は人を強くする。

起業家のメアリーは言う。

「生まれつき才能があるわけじゃない。失敗の恐怖と向き合う中で培ってきたものなの」

苦労の末に成功を勝ち取った経験の一つひとつは、自分に何ができるのかを教えてくれる。そうした記憶は精神の一里塚としてすぐによみがえってきて、失いかけた自信を取り戻してくれるのだ。ある女性はこう言った。

「困難な仕事に直面したときはよく、自力でウェブサイトを立ち上げたときのことを思い出します。すると、あんなことができたんだから、何でもできるはずだと自信が湧いてくるんです」

自分の限界を越えるような機会を持たない限り、自分の能力に気づくことはない。ミリオネーゼたちは限界を超えて成功を手にする度に、自分を信じる気持ちをどんどん強くしていったのだ。コンサルタントで作家のキャレンは言う。

「不安があるときは否定的な気持ちになって、うまくいかないのではないかと考えます。でもいろいろ思い返してみると、『いままでなんとか切り抜けてこられたんだから、これからだってうまくやれるはず』と希望が湧いてきて、がんばり続けられるんです」

過酷な経験は後に自信となって、自分を強くしてくれる。

「正直、死にたいと思いました。でも、そこで考えたんです。今死ぬのも、困難に立ち向かうのも同じだ、って」

――起業家　キティ

ヘッドハンターのスーザンは、限界を乗り越えるという行為を射撃の標的にたとえた。

「的の中心にある黒丸が自分にとって〝居心地のいいゾーン〟。毎日、決まりきった仕事をしていればよく、何年も続けているので楽にできる。次に、中心を取り巻く二つ目の円は〝学習ゾーン〟。このゾーンは、少し慣れない部分があるので、自分に自信が持てない。でも一番、学びとって成長できるのがこのゾーン。そして、一番外側の円は、〝危険ゾーン〟です。ここではなかなか学ぶことはない。自分の中核的能力とはあまりにもかけ離れているから」

年収1000万円のステージに上がるためには、30パーセントの時間を学習ゾーンに注げばいい。

自分より上の地位にいる人たちと同じ会議に出席し、ハイレベルなプロジェクトを担当し、リーダーの役割を引き受け、難しい課題に決定を下すといった具合に、自分が好むと好まざるとにかかわらず、しなければならないことは何でもするのだ。

だが、時が経つにつれて、こう思い始めるだろう。

「そう難しくないな。これならやれる。私は何を恐れていたんだろう」

こうして学習ゾーンは居心地のいいゾーンに変わる。そしたら今度は、その上の学習ゾーンに進めばいい。スキルを徐々に向上させ、自信が深まるのを確かめながら、たえず円を広げていくのだ。広げるのをやめると成長は止まってしまう。

起業家のキティは自分の趣味をもとに思い切って事業を立ち上げた。しかし売上が爆発的に伸び始めた頃に、巨額の盗難に遭い、破産に追い込まれてしまった。

「本当にもうこれで終わりだと思いました。必死に働いていましたから。正直、死にたいと思いました。でも、そこで考えたんです。今死ぬのも、困難に立ち向かうのも同じだ、って」

「楽な場所にとどまっていたら、成功を手にすることはできない。」

――ルール38：自分で自分にプレッシャーをかけすぎない

「私にスーパーマン的な働きを期待していたのは、本当は自分自身だったんです」

――テクノロジー企業　スザンヌ

注意しなければならないことがある。

確かに失敗を恐れてはならない。でも、本来の取り分以上にリスクに手を出していると気づいたら、ゲームプランを考え直すべき。背伸びをし過ぎて、自分の足もとが危うくなっているかもしれないのだ。伸びきって切れてしまったゴムのようにならないためは、賢明なタイミングでの飛躍、よく考えた上でのチャンスの活用、能力の範囲内でのリスクテイクを念頭に行動するのがコツだ。

特に気を付けるべきは、自分に最も理不尽な要求してくる人なのだが、実はたいていそれは〝自分〟だ。テクノロジー企業に入社したばかりのスザンヌも、この落とし穴にはまった一人。スザンヌは、がんばればがんばるほど、成果が出なくなっていった。

「二週間ほどは、どうしていいかわからない状態でした。何度も泣きましたし、仕事に集中できなくなって、食べ物も喉を通りませんでした」

スザンヌはストレスでうつ病になってしまった。働き過ぎのやり手女性によく見られる症状だ。

「採用してくれた上司は、私に専門知識がないことなんてわかっていました。私にスーパーマン的な働きを期待していたのは、本当は自分自身だったんです」

自ら課したものであっても、過度のプレッシャーは逆効果になってしまうのだ。

一番いい解決策は、自分の荷を軽くすること。スザンヌは二週間の休暇をとり、余裕のある態度で現実的な目標を目指せるよう気持ちを切り替えて、仕事に復帰した。

この前会ったとき、彼女はかなり元気を取り戻していた。

「やっと仕事が面白くなってきました」と彼女は微笑んだ。

成功している女性はたいてい野心的であるが、極端にやり過ぎてしまうと、その野心が落とし穴になる。自分に過度に期待するのは地雷の上を歩くようなもの。いつ目の前で大きな問題が爆発して、自分のキャリアを台なしにしてしまうかわからない。

危険を冒す勇気も必要だが、
大き過ぎるリスクを避ける知恵も必要。

ルール39：一歩を踏み出す4つの秘訣を身に着ける

限界を乗り越えるのに必要な条件はただ一つ、実際に行動すること。

乗り越える決心をしたら、何でもいいから行動を起こさなくてはならない。たとえ不安があろうとも。

「心配がまったくなくなってから行動するという人はいないでしょう。安心できるまで待ってはいられません。行動が先です」

こう語るミリオネーゼもいた。しかしどんなに勇敢な女性でも、二の足を踏む時期はあるもの。それでも、勇気を出して、慣れ親しんだ居心地のいいゾーンから抜け出すのだ。実際、彼女たちが高収入を上げているのは、そういう行動をとったからだ。

どうしたらいいかわからないとき、あるいは自信をなくしたとき、行動に踏み切るには、こうした女性たちからのアドバイスが参考になるだろう。

①ほんの少しだけ前に進む

聖フランチェスコは、学習ゾーンに踏み込むにはどうしたらいいかについて、的確な助言をしてくれている。

「はじめは必要なことをしなさい。次に可能なことをしなさい。するといつの間にか、できないと思われていたことをしているのに気づくだろう」

確実にあゆみを進め、らせん状の階段を上っていくのだ。居心地のいいゾーンから小さな一歩を踏み出すたびに、計り知れないほどの自信がつき、周囲の評価もぐんと高くなる。するとそれに励まされてもう少し進む気になる、という相互作用が永久に続くのだ。

②自分の内面に目を向ける

泥沼にはまってしまい、ほんの少し進むのも困難だという場合もある。心の一部は「進もう」と主張するのだが、残りの心は膝を抱えて座り込み、動こうとしない。そういうときは、自分の内側にひそんでいる恐怖感に目を向けるのだ。

時間をかけて、リスクの大きさや、最悪の場合にはどうなるか、などをゆっくり考えるのだ。恐怖としっかり向き合うのは、火に水をかけるようなもの。火勢は次第に衰え、恐怖は力を失う。そうなってはじめて前へ動き出せるのである。

③ 始めるのはどこからでもいい

仕事以外の場所で自分の限界を乗り越えてみると、その効果が波紋のように仕事やほかの面に広がっていく。

困難な仕事になかなか取り組む気になれないときは、習いごとを始めるとかマラソンに参加するとか、何でもいいから慣れ親しんだ世界の外に出てみるといい。

大胆に行動できるようになったきっかけが、屋外でのトレーニングだったと言う女性は多い。ある女性は言う。

「私はロープを使うコースに参加して、電信柱から飛び降りるとか、そんなトレーニングをいろいろやりました。『いやだ、とてもできない』と思ったけど、ちゃんとできるものですね。意識を集中させるだけで、自分が考えているより10倍も高い能力を発揮できるということを学んで帰ってきました」

④ 立ち止まって、感謝する

ある友人が私にこう言ったのを覚えている。

「恐怖にとらわれたり、にっちもさっちも行かなくなったときはいつも、立ち止まって、自分が今手にしているすべてのものに感謝することにしている。それですべてが変わるのよ」

感謝することの力とは、〝心で念じていることは実現する〟という普遍的な法則によるものだ。失敗しそうなことに意識を向けていると、そういう結果になる。反対に、もし人生が〝すっぱい果実〟を差し出してきたとき、そのすっぱさを幸いなことだと感じられるようになれれば、いかに生き方が変わることか。

今あるものに感謝しているのであれば、手元にないものに対して同時に腹を立てることなどできない。「ありがとう」というシンプルな言葉一つで、自分の意識が苦い現実から明るい可能性に向かうことになる。

冒険に出る者だけが、金のつぼを持ち帰ることができる。ただし、大金だけが宝物ではない。自分の価値の発見も大きな宝物だ。私が取材した多くの女性たちは言う。「私は、やろうと決めたことはどんなことでもできると本当に思ってる。もちろん、一晩のうちにそう考えられるようになったわけではないけど。困難をたくさん経験してきたことで、今の私が生まれたの」

宝物は常に安全圏を越えた向こう側にある。
そして、勇気ある者だけが宝探しの旅に出るのだ。

ミリオネーゼになる決意はできてる？

ステップ1

次にあげる3つの質問を読み、目をとじて、現在の自分と話し合ってください。

① いくらくらいお金がほしいですか？
② その額をほしい理由を考えてみてください。
③ 逆にその額を欲しくない理由を考えてみてください。

ステップ2

ステップ１で考えた3つのことについて、下記の３人にも相談してみてください。

① 5歳〜10歳ごろの自分
② 13歳ぐらいの自分
③ 年齢関係なく、否定的な考えを持った自分

ステップ3

「なぜ自分はその額の収入を得てもいいのか」を考えてみます。
その時に、自分がどう感じたかをじっくり観察してください。
もし、お金を稼ぐことに何らかの抵抗感を覚えるのであれば、
収入を高める決心が固まるまで、この質問を繰り返してください。

第7章

支えてくれる人を探す

「彼の秘書として働いた経験が、私の人生を変えてくれました。その後の人生で必要となる自信を、私に与えてくれたんです」

――講師斡旋会社 最高経営責任者 ナンシー

ミリオネーゼの誰もが、自分の成功は周囲の人たちの力によるところが大きいと言う。家族や友人、上司、同僚に感謝し、個人的なネットワーク、公的な支援団体、そして大きな影響力を持つ人々と知り合う重要さも強調する。

成功する女性には二つのタイプの支援者がいることがわかってきた。

一つは〝心から信じてくれる人〟。そういう人は、その女性の可能性を認め、自尊心を支え、励ましてくれる。もう一つは〝導いてくれる人〟。道案内図を用意し、成功は可能だと身をもって示し、野心を育ててくれる。

〝心から信じてくれる人〟は、「どんどんやりなさい。あなたにはできる」と言う。そして〝導いてくれる人〟は、「やり方を教えてあげよう」と言う。それぞれ別な人物の場合もあるし、一人で両方の役を兼ねていることもある。

二つの支援が同時に得られると、人生が変わる。講師斡旋会社の最高経営責任者ナンシーが最初に出会った上司がそうだった。

「彼の秘書として働いた経験が、私の人生を変えてくれました。部下に自信を植えつけるのが上手な人でしたね。その後の人生で必要となる自信を私に与えてくれたんです。見習うべき手本として優れた人で、彼のやることを観察してすべてを吸収しました」

〝心から信じてくれる人〟も、〝導いてくれる人〟も、あたかも天からの贈り物のように、思いがけないときに現れるものだ。けれども、ときには、一人ぼっちでどこにも助けてくれる人がいないように見えるときもある。でも、助けが来るのをじっと待っている必要はない。そんなときは自分の方から出かけて行き、支援者を探せばいいのだ。

どんな草の葉にも天使が宿り、
大きくなれ、大きくなれ、とささやきかける――タルムード

〝心から信じてくれる人〟と〝導いてくれる人〟が
あなたを成功者へと押し上げてくれる。

「男性はすぐに援助や手伝いを求めるのに、女性は一人で何とかしようとするのよね」

――会社役員の女性

仕事や家庭、子育て、いくら片づけてもなくならない雑事などを、自分一人で処理することに誇りを持つ女性が多い。しかし、自立心も度を越すと孤立のもとになる。孤立すると、自信は急速に薄れてしまう。

ミリオネーゼたちは、どんな一匹狼にも助けとなる相棒が一人は必要だ、ということを知っている。ある会社役員はこう言う。

「誰かの助けを求めて電話に手を伸ばすのは、悪いことではないし、挫折感を抱く必要もない。そう気づいたの。周りを観察していると、男性はすぐに援助や手伝いを求めるのに、女性は一人で何とかしようとするのよね」

高い成功を収めながらも心身の健康を保っている人たちは、結局は誰かの助けを借りているだけなのだ。自分の一番得意な仕事は残して、他のことは——データ入力から家の掃除まで——誰かにやってもらうようにするのだ。ある会社経営者は言う。

「すべてのことで一番にならなくてもいい、と悟りました。以前は何でも自分でやろうとして、一番自分に向いていることをする時間がなくなっていたんです」

また、優しく支えてくれる人が目の前にいるのに気づかず、その恩恵を与えられないまま見過ごしてしまう人もいる。援助を呼び込むには、自分に関心を持って近づいてきてくれる人に気づき、積極的に受け入れていかなくてはならない。

支援者の言葉に耳を傾け、真剣に受け止める姿勢も重要だ。援助の申し出や励まし、褒め言葉などを喜んで受け入れる気持ちがなくなると、人生に流れ込む豊かな恵みを断ち切ってしまうことになりかねない。

金融サービス会社の役員をしているナンシーは言う。

「支えてくれる人が周囲にたくさんいるようにして、すべての出会いから可能な限り吸収しようとすれば、道は必ず成功につながります」

「心を開いて他人の援助を受け入れる気持ちにならない限り、成功には決して手が届かない。」

「彼がいなかったら、自分で事業を始めはしなかったでしょう。自分では気づかない強みを、彼がみつけてくれたんです」

――投資アドバイザー　ヴィクトリア

心理学者のダニエル・レヴィンソンによれば、夢を実現するために最も重要なのは、支えとなってくれる配偶者の存在だという。

今回の取材で、これほど多くの女性の口から、「彼がいなかったらとてもやり遂げられなかったでしょう」という言葉を聞かされようとは、予想もしていなかった。

投資アドバイザーのヴィクトリアはこう言った。

「大切なのは自分を支え、励まし、最大の支援者になってくれるパートナーがいることです。私の最初の夫はいつも私をけなしていましたから、ひどい自信喪失につながってしまいました。ところが今の夫は、『君は何でもやれる。とても誇りに思っているよ』といつも言ってくれます。彼の援助がなかったら、今の私はなかったでしょう」

夫やパートナーの心強い支援はかけがえのないものだ。

実際、エイヴォンプロダクツ社の後援のもとに33ヵ国で行われた、3万人の女性を対象とした調査では、協力的な夫あるいはパートナーが起業に成功するための最も重要な要素としてあげられている。

以下に、私が取材した女性たちの声をいくつかあげておこう。

「夫は私の成功を喜んでくれます」

「子どもの世話はみんなやってくれます。そして私が難しい問題にぶつかったときは、とことん相談にのってくれます」

「私のパートナーはいつもそばにいて支えてくれます。二人一緒であれば、できないことは何もないような気がします」

「夫はいつも私を激励してくれました。男の成功の陰には女がいる、ってよく言いますけど、私の後ろには立派な夫がいるんです」

「彼がいなかったら、自分で事業を始めはしなかったでしょう。彼の強い勧めと協力があったからできたんです。自分では気づかない強みを、彼が見つけてくれたんです」


話を聞いて、「がんばって」と言ってくれる人がいる。

それこそが、かけがえのない支援である。

ルール43：励まし合える友人を大切にする

「私の挑戦が間違っていると私に思わせるような人たちのそばからは、遠ざかることにしたのです」

――起業家　キティ

男性は野球の話から最近の出来事まで何でも仲間としゃべり合うが、個人的な悩みを打ち明けたり、互いに親近感を示すことは避けたがる。その反対に、女性は、友人同士で同情し合ったり、愚痴をこぼしたり、慰めたり、褒めたりする。

シングルマザーのステファニーは言う。

「私には、信じられないほどすばらしい友だちがいる。あの人たちがいなかったら、私なんてどうなっていたかわからない」

このように、最も苦しい時期を乗り越えられたのは友情のおかげだ、という話はミリオネーゼたちからよく聞いた。

だが、それとは逆に、行く手をさえぎるような相手とは繋がりを無くす決断もしてきたようだ。成功するまでモチベーションを保ち続けるには、挑戦を抑えようとする人ではなく、励ましてくれる人のそばにいることが大事だ。そのため、古い友人と別れたという人も少なくない。ある女性は言う。

「たいていの人は、日頃見慣れた私が急に変化するのを見て、警戒心を抱き、押しとどめようとする」

起業家のキティもそうだ。

「多くの長年の友人との関係を断ちました。私の挑戦が間違っていると私に思わせるような人たちのそばからは、遠ざかることにしたのです。『あなた、もう40過ぎよ。そんなことできるわけないじゃないの』などと言う人がいると、黙ってそばを離れました。そして、私に支援を惜しまず、将来の夢を語り合えるような、本当に才能のあるすばらしい人たちと新たに友だちになったんです」

ミリオネーゼが惹きつけられるのは、前向きに自らの成功に向かって進み、他の人がリスクを冒して挑戦することも応援する人なのだ。

妨げになる古い友人とは別れ、
もっと有益な新しい関係を築こう。

「直接助言してもらったわけではありませんが、彼女の発言に耳を澄まして、いろいろ学んだんです」

――不動産仲介業者　ガリーナ

有能な助言者を見つけることも大切だ。MTV社広報担当のジョディは言う。

「上司や偉い人に、『私の考えについて、ご意見を聞かせていただけますか。ぜひあなたにご指導をお願いしたいのです』と言って、アドバイスをもらうようにしてるの。豊富な経験を持つ人はたいてい、それで気分をよくして助けてくれるものよ」

不動産仲介業者のガリーナは、会社で一番の業績を上げている人をじっくり観察することで、最高のヒントをもらったそうだ。

「すごい人なんです。直接助言してもらったわけではありませんが、彼女の発言に耳を澄まして、いろいろ学んだんです。電話でどんな話をするか、お客の扱い方や自分をどうやって売り込むか等々。私が売上トップになるのにすごく役立ちましたね」

起業家のキティの場合は、自分のアシスタントをしている女性が助言者だった。
「私がもう一歩進みたいと思ったときはいつも、彼女がそれを実行するよう後押ししてくれました。その一方で、私が前後の見境もなく『さあ、すぐやろう』と言うと、『この問題は考えられましたか。あの問題は大丈夫ですか』と言って頭を冷やしてくれるんです。私が成功できたのは彼女の大きな力があったからです」

さらに、キティには、一度も会ったことのない、そしてこれからもたぶん決して会う機会はないと思われる助言者さえいる。
「私の一番素敵な助言者は、ヴァージン・アトランティック航空を創立したリチャード・ブランソンです。昔ある人に、最も成功した人を探してその人から学んだらどうか、と言われたんです。その通りにしましたよ。リチャード・ブランソンの書いた本を読んで、すごく励まされました。彼の基本的な考え方に従って、私はすばらしいビジネスを考え出したのです」

勇気や的確なアドバイスをくれる助言者は
さまざまなところにいる。

――ルール45：自分も誰かを支える

「支援を求めるというのは、その相手にも恩恵を与えているということなの」

――とあるＮＹのキャリア女性

どんなに多忙でも、どんなに神経をすり減らす毎日を過ごしていても、ミリオネーゼたちは、〝心から信じてくれる人〟や〝導いてくれる人〟など、自分を支えてくれる人たちと過ごす時間を積極的に作ろうとする。もちろん、支えてくれるものが、目に見えない力であってもいい。それを大切にする時間をとり、その恵みに頼ることで、自分に栄養が与えられ、人生に花を咲かせられるのだ。

心の支えをどのようにして見つけたのかとたずねていくうちに、私は面白い発見をした。これまで取り上げてきた成功のルールは、自分を支えてくれる人々を増やすためにも活用できるのだ。

まず自分の決意を示し、それを応援してくれる人々と関係を構築し、そうでない人とは別れる。次に、積極的に会合に参加して、定期的に情報を交換する。さらに、自分の考えをはっきり伝えて、支援を求める。でも、そうやって手を差し出して、支えを求めるというのは勇気がいることだ。実は支えてくれる人を見つける最も確実な方法がある。それは、自分も人を支えること。

人を支援するというのは、与える側と受け取る側の双方が勝つゲームなのだ。ゲームの参加者はお互いに得をする。ある女性はこう言った。

「支援を求めるというのは、その相手にも恩恵を与えているということなの。だって、誰か他の人を助けてあげるのは、どんなことをするよりも気分がよくなることだから」

支援がもっとほしいのなら、自分も誰かの支援をするのだ。困っている人を励ましたり慰める。知り合った人の長所を褒める。経験の少ない人には助言を与え、ベテランには手を貸す。ミリオネーゼの仲間入りを果たしたら、他の人にももっと手を差し伸べる。こうやって、人のためになることをすれば、結局は自分に返ってくるのである。

誰かに助けてもらったら、自分も誰かを助ける。
支援とは、そうやって循環させていくもの。

あなたは人から どう見られている？

周囲の人が、自分をどう見ているか知ることは、多くの学びになります。

自分に対する評価を聞きたいと思う人４名に、下記の項目についてアンケートしてみてください。できるだけ正直かつ客観的に回答してもらいましょう。

書いてもらっている最中に、うしろからのぞき込まないように！

① 性格面で、私の一番の強みはどこだと思いますか？

② 私の売りになるスキルは、何だと思いますか？

③ 私の仕事環境について、どう思いますか？

④ 仕事をする上で、私に一番必要なものは何だと思いますか？

⑤ 私自身が、自分では気づいていないことについて、
何かお気づきでしたら教えてください。

第8章

お金の法則に従う

―ルール46：お金の管理に気を配る

「最大の挑戦は、お金を稼ぐことじゃない。お金を管理することです」

――会社経営者　マリー

以前、「破産した億万長者たち」というトーク番組にゲストで出たことがある。ゲストの中には野心満々の起業家や有名な歌手、大物弁護士がいた。みんな、かつては数百万ドルを稼ぐ、輝かしい成功者たちだった。しかし今は生活保護を受けたり、借金取りに追われる身だ。

彼らは、破産に追い込まれた原因として、共同経営者にだまされたこと、離婚で打撃を受けたこと、過酷な運命に見舞われたことなどをあげた。しかし本当の原因は違う。原因は、彼らが何もしなかったことにある。収入額を無視して好きなだけ浪費し、お金をきちんと管理せず、ついには文字通り無一文になってしまったのだ。

しかし、この人たちに起こったことは、誰の身にも起こり得るものだ。ただし、避けられないわけではない。

経済的自立は頭で考えるよりはるかに簡単なのだ。お金を賢く増やすのに、時間はそんなにいらない。お金がたくさんなければ財産を作れないわけでもない。それどころか、現在の収入額がいくらであろうと、数千万円を貯めることは可能なのだ。始めるのは若いに越したことはないが、年をとっても遅過ぎることはない。年齢にかかわらず、何もしないのが最も危険だ。

財産を築くには、お金に関する三つの法則を守る必要がある。どんなことがあっても、次にあげる行動を習慣化しなければならない。三つとも全部である。一つも抜かしてはだめなのだ。

- **法則１　支出を収入より少なくする。**
- **法則２　何よりもまず貯蓄する。**
- **法則３　お金を運用して増やす。**

何を持っているかではなく、持っているもので何をするか。
それが経済的安定を手にできるかどうかの決め手である。

―― ルール47：支出を収入より少なくする

「お金を湯水のように使いはしないですね。常に使えるお金がどれくらいあるかを意識しています」

―― マーケティングコンサルタント　マルシ

ミリオネーゼたちはたいてい、あまり自由気ままにお金を使わないように自制している。

ケチっているわけではない。衣服や家具、旅行、娯楽、生活を便利にするものには金を惜しまない。しかし例えば、「一足の靴に何万円も払う一方で、駐車料金にはうるさく文句を言う。飼い犬の散歩や食事の宅配を頼む費用は即座に出すが、ハタは鮭の二倍もするから決して買わない」といった〝贅沢〟と〝倹約〟という相反する行動を上手に使いわけているのだ。

マーケティングコンサルタントのマルシは言う。

「自分のことを倹約家だとは思っていません。でも、かといってお金を湯水のように使いはしないですね。常に使えるお金がどれくらいあるかを意識しています」

ほとんどのミリオネーゼは、かなりの収入があって余裕は十分なのに、決して稼いだ額よりも多くを使おうとはしない。ある起業家は言った。

「自制心が働いて、『これだけしかないんだから、もうこれ以上のお金を使えない』と思えるの。景気がよくないときは、前みたいな調子でショッピングに行っちゃだめ、ということをね」

一方で、そうではない人もいる。仕事のストレスや日常生活の煩わしさを麻痺させるためにお金を使うのだ。その結果、例外なく苦境に陥ることになる。

こういう人は「離婚の苦しみを味わっているんだから、これくらい使ったっていいじゃない」とか、「嫌な仕事をしているんだから、せめて私生活は楽しまなくちゃ」などと考えて、自分の浪費癖を正当化している。現実を認めることを拒否したあげく残るのは借金だけというわけだ。

富の大きさはどれだけ稼いだかではなく、
どれだけ使わないかで決まる。

「ほしいものは何でも買う。ただし、1ドルでも稼いだらそのうちの一部は必ず貯金するの」

――とあるNYのキャリア女性

高収入を上げていたはずの女性が資産家の道からそれてしまうのは、貯蓄の面で問題があるからだ。対照的な二人の女性を続けて取材したとき、私はそのことを痛感した。

一人目の女性はこう言った。

「借金はありません。でも収入の大半は家や旅行に消えます」

二人目の女性はこうだ。

「収入の三分の一は自動的に貯蓄に回されます。もう三分の一は政府に納め、残りの三分の一で生活するんです」

どちらの女性が豊かであるかは言うまでもない。慎重な支出と継続的な貯蓄。これが大昔から存在する、金持ちになるための秘訣である。

「ほしいものは何でも買う。ただし、1ドルでも稼いだらそのうちの一部は必ず貯金するの」

離婚から10年で莫大な富を手にした女性はこう話してくれた。別の女性もこう言う。

「給料が上がった分は貯蓄に回します。もう何年も決まった額で生活しています。」


〝お金を貯めるのが上手な人〟は、収入の一部を定期的に貯蓄に回す。

ただし、忘れてはいけないことがある。貯蓄はいざというときに備えるもので、思いがけない靴のセールのためにしているものではない。ある女性はこう念を押した。

「貯蓄は神聖にして侵すべからざるもの。決して手を触れちゃだめ」


貯蓄で自由を手に入れた人もいる。40代になるまでに一財産築いたハイジだ。

「銀行に入れてあったあの100万ドルが、私に自由を与えてくれた」

それは、家族と時間を過ごし、夫とクルージングを楽しむ自由、これまでの仕事をやめて、収入は大きく減っても夢だった仕事をする自由。

銀行に預けたお金は借金や大きな損失に対する緩衝材になるだけでなく、予期せぬ出来事が起こったときや夢を実現させるときのための賢明な備えになるのだ。


貯金は、自分に自由やチャンスを与えてくれる。

――ルール49：お金を運用して増やす

驚いたことに、私が取材した女性の多くは投資のしかたが慎重過ぎるか、まったく投資していないかのどちらかで、インフレの餌食になっていた。なぜ他のことでは賢明な女性たちが、資産の運用に無関心なのだろうか？　その大きな理由は忙し過ぎることだ。

「たいていの人たちは信じられないくらい忙しいのです。お金の運用に投資が最も有効なことはわかっていても、考えている暇がありません」

しかし実は、お金の運用はそんなに面倒なことではない。

一般的な原則は次の通りだ。

①　臨時の出費や近い将来に買いたい物などのためのお金など、今後5～7年以内に必要なお金は、現金か、MMF（マネーマネジメントファンド）、CD（譲渡可能定期預金）、米国財務省短期証券などにしておく。

②　今後8～10年以内に必要なお金は、株式や債券、現金に分散しておく。

③　11年以上使う予定のないお金は、大半を株式に投資しておく。

アイリーンは保母の仕事をやめて株式仲買人になったとき、同僚に500ドルをどのように投資したらいいか相談した。そのとき彼女が持っていた資金はそれだけだったのだ。500ドルでは不十分だと誰もが答えたが、一人の男が違うことを言った。

「その考え方はおかしい。逆だよ。重要なのはいくら資金を持っているかではなくて、リターンが何パーセントになるかだよ。運用しなければいつまでたっても資金を増やせない。みんな『いつかまとまった金ができたら投資するよ』と言うけれど、それではうまくいかないんだ」

この賢明な助言のおかげで、彼女はやがて金持ちになった。

ある裕福なバビロニア人はこう言っている。

「財産を増やすにはこうすればよい。最初は小さな金額から始め、経験を積み、力がついてきたら金額を増やしていくことだ」


それでは、誰でも腕のいい投資家になれる4つの秘訣をご紹介しよう。

① 自動化する

〝お金を貯めるのが上手な人〟は、一定の金額を銀行口座や給料から自動引き落としで証券会社の口座に入れる契約をしている。まず最大限の額を非課税の個人積立退職年金口座に入れ、次に定期的に投資信託や個々の株式銘柄に投資する。自動投資は重要だ。自分で銘柄を考えながら投資すると、意図に反する結果になることがあるからだ。

② プロに任せる

私が取材した〝お金を貯めるのが上手な人〟のほとんどは、投資の専門家にすでに頼んでいるか、これから頼むことを考えていた。

例えばチャールズ・シュワブ社の総務部長をしているベスは、専門家を雇い、金の管理をすべて任せた。

「稼ぐのに忙しいからです。蓄えに回すお金はたくさんあります。ところが、ボーナスをもらうと当座預金に入ったきりだし、子どもに非課税の贈与をすることを忘れたりします。だからアドバイザーに手伝ってもらうのが一番。あとはアドバイザーに払うお金にだけ気をつけていればいいんです」

専門家は投資のやり方を詳細に検討し、ポートフォリオのバランスを考え、定年後の生活に必要な資金計画を立てるようサポートしてくれるのだ。

③ 勉強する

〝お金を貯めるのが上手な人〟は、投資銘柄を決めるのをむやみに恐がったり、無知なまま、あるいは習慣的に投資するのではなく、知識の裏付けをもって参加することが大事だと考えている。

きわめて多忙な身ではあるが、情報の入手は怠らない。建設業を営むロリは言う。

「自分の決定にもっと自信が持てるように情報を使います。時間はありませんが、情報も集めないで上手な投資をしたり、子どもたちの将来に備えたりできるわけはありませんからね」

④ 人の話を聞く

「投資をしている他の人たちから、これまでにたくさん教えてもらいました」と、ある女性が言った。それは私も同じだ。経済に明るい女性たちを取材してみて、賢明な人々の話を聞くことがどんなにためになるかを実感した。

私は金融について何らかの知識がある人に会うといつも、その知恵を借りるためにこんな質問をすることにしている。「お金の運用をどうしていますか？　どんなことを学びましたか？　参考になることを教えていただけませんか？」と。

「インフレによる莫大な被害を防ぐ方法はただ一つ、銀行に預けるよりも確実に高い利益を生むようにすることだ。」

「資産運用をするようになって、はじめて自分のお金に責任を持てるようになったの」

――メイクアップアーティスト　クリス

誰でも〝お金を貯めるのが下手な人〟から〝お金を貯めるのが上手な人〟に変われる。

メイクアップアーティストのクリスは、その変身ぶりを報告してきてくれた。

「最初は問題に正面から立ち向かう勇気が必要だった」

彼女は自分の経済状況を冷静に見つめ直した。

「夫も私も長年、株式を所有していたけど、時価を調べてみると大した額にはなってなかったの。運用を間違えたというより、関心がなかったのね」

そこで、クリスはすぐさま行動に移した。

「『ウォールストリート・ジャーナル』と『スマート・マネー』、それに地方新聞を読み始めた。本もたくさん買ったし、世界中でどんなことが起きているか、ニュースもよく聞いてる。市場に大きな影響があるから。毎月投資に振り向けるお金も増やしたわ」

メールにはクリスの誇らしげな様子が溢れていた。

「資産運用をするようになって、はじめて自分のお金に責任を持てるようになったの。私は今、成功した女性実業家であるだけじゃなく、有望な投資の達人なのよ」


最後に一言。必ずお金は自分の名義にしておくこと。

これは、夫婦仲とは何の関係もない。たとえ配偶者との生活が最高に幸せなものであるとしても、経済的な自立は大切。ミリオネーゼたちは、ほとんど例外なく自分名義の銀行口座、クレジットカード、有価証券を持っていた。

目的の一つは、自己防衛だ。夫と死別したり離婚した後で、すべてを夫の名義にしていたせいでローンが組めなかったり、さまざまな法律問題が起きた、という恐ろしい話は枚挙に暇がない。

しかし、目的はそれだけではない。最大の効用は、自分に自信が持てることだ。自分名義の資産を持つということは、成長して大人になることであり、自分の人生に対する主権を主張することになるのだ。

お金の本当の価値は、
それがあれば自分の人生の主人公になれるということにある。

あなたはどれくらい稼げるでしょう？

目を閉じて、自分の収入が次にあげる金額だと想像してください。本当にそれだけの収入を稼いでると思い込むこと。

それぞれの金額ごとに自分がどう感じるかを確認し、紙に書いてください。

① あなたの年収は200万円です。どのように感じますか？

② あなたの年収は400万円です。どのように感じますか？

③ あなたの年収は600万円です。どのように感じますか？

④ あなたの年収は800万円です。どのように感じますか？

⑤ あなたの年収は1000万円です。どのように感じますか？

⑥ あなたの年収は1500万円です。どのように感じますか？

⑦ あなたの年収は2000万円です。どのように感じますか？

おわりに

「人生を変える力が自分にもあると、もっと早く知っていたら、私の人生は今とは違ったものになっていたんじゃないでしょうか」

取材した多くのミリオネーゼたちがこう私に言ったのだ。

詩人のマーク・ネポは、「誰の心の中にも、常識という皮のすぐ下に意外な顔がひそんでいる」と言っている。

彼女たちとの会話を思い出すにつけ、私は本当にその通りだと思わずにはいられない。ミリオネーゼたちは言葉や行動を通して、私たちにこう呼びかける。

「自分の中に深く埋もれている意外な力を解放しなさい。内なる女神を目覚めさせなさい」

そして、本書で述べた50のルールを実行すれば、それが可能になる。

すなわち、決意を明確にして、自分の潜在能力を生かし、それに見合った報酬を得ることで、自己の内部に眠っている〝力〟をよみがえらせることができるのだ。ここでの力とは、〝人生でやりたいことをやるための力〟であり、生き方を選択する能力、人生を思い通りに歩む能力である。

本書に出てきたミリオネーゼたちのように、夢を叶えるためにお金を使い、自分の能力を花開かせ、他の人に影響を与える女性は、疑いもなく力のある人間だ。

そして、その力を発揮するために、自分の価値を認め、自分を尊敬し、自分のあらゆる欲求を大事にするのだ。

ここで大切なことをはっきりさせておきたい。

お金を手にしたからといって必ず力が得られるわけではない。自分の価値観をもとに選択をすることによって、はじめて力が生じるのだ。ただ、お金によってあらゆる面で選択肢が増えれば、力を発揮しやすくなるのは確かだ。

ミリオネーゼは力を自分のものにして、思い通りに生き、仕事や周囲の人々との関係、社会奉仕に喜びを見出している。投資アドバイザーのロイスは熱っぽくこう語る。

「好きな仕事をして、他の人たちの役に立つことができる上に、お金も稼げるんですから、これほどすばらしいことはないわ！」

もちろん、力があるからといって、〝完璧な人間〟ということにはならない。ミリオネーゼだって、ときには力を失い、不調の波に襲われることもある。恐怖と戦い、時間に追われ、途方に暮れ、無力感に苛まれることだってあるのだ。

ただし、ミリオネーゼは力を失ったままにしておくことはできない。できるだけ早く取り戻す決意をするだろう。

ヘレン・ケラーの言葉を私なりに言い換えるなら、「ひとたび飛ぶ喜びを知った者が、地べたを這うことで満足するわけがあるだろうか」ということ。

ミリオネーゼは、たとえどんな状況に陥ったとしても、もう一度飛ぶ努力を惜しまないのだ。

最後にこれだけは伝えておきたい。

私たちは誰でも世界を変える力を持っている。その方法は無数にあるが、豊かな収入があればその可能性は一層広がる。

経済的に自立している女性――豊かで安定した資産を持ち、その財がもたらす自由を享受している女性――は、自分の人生を思い通りに作り上げるとともに、他の人々が人間らしく生きられるように支援するだけの力を持っている。

自分の力を発揮しようと努力する女性がたくさん出てくれば、それが一つのまとまった力となり、世界を変えることさえできると私は固く信じている。

社会学者のマドリン・ホクスタインはこんな発言をしている。

「女性の影響力はどんどん増大していき、21世紀の社会を変える最も大きな力になるだろう」

そして、重要なことはただ一つ。

「心から満足できる、しかも本当に自分を表現できる生き方をしているだろうか」

——カール・ロジャース

謝辞

本書の執筆を思い立った瞬間から、大勢の親切な人々が私の人生に入り込んできてくれました。

心から、愛をこめて感謝申し上げたいと思います。

この本が生まれるもととなった種子を植えてくれ、実を結ぶまでしっかりと私を支えてくれた、すばらしいエージェントであり友人のキャンディス・フュルマン、ありがとう。

ダイアン・レブランド、誰も気がつかなかった可能性を見出してくださってありがとう。

ベテラン編集者であるリサ・バーコウィッズ、この企画を心から喜んで採用してくださり、感謝の言葉もありません。あなたと一緒に仕事ができて幸せでした。

ドリス・オーバ、巧みに不要な箇所を削り、全体の形を調えてくださったこと、鋭い批評と貴重な励ましをいただいたことに感謝します。あなたがいなければ、この本は生まれませんでした！

ビーナ・カムラニ、とりとめのない原稿を整理し、余分なものを削るあなたの並はずれた才能に感謝しています。本当に能力のある人ですね。

アーリーン・マイケルソン、あなたもです。原稿を丁寧に、しかもすばやくタイプして、産みたての卵と一緒に届けてくださって、ありがとう。

驚くほどいろいろな方々を紹介してくださった人たち、特にスチュアート・ウイリアムズ、スーザン・デイヴィス、キャレン・ペイジ、ゲイラ・クレッチ・ハートサフ、アイリーン・マイケルズ、ディー・リー、パミラ・アーヨ・イェタンド、それにカレン・マコールのみなさん、どうもありがとう。取材に応じてくださる女性をどうやって見つけたものか思案に暮れているとき、あなた方は私が対応できないほどたくさんの人の名前を教えてくださいました。

キャル、すばらしい夫でいてくれて、ありがとう。まとまりのない下書きを辛抱強く読んでくれたこと、抱きしめて髪を撫でてほしいときはすぐに察してくれたこと、それに何よりも、この本を書くために私をメキシコに連れて行ってくれたことに感謝しています。あなたのおかげで、終始落ち着いた気持ちでこの仕事ができました。

私の美しい娘たち、メリッサ、ジュリー、それにアン、いつも私を気遣って仕事の進み具合をたずねたり、私の成功を誇りに思う気持ちを態度で示してくれてありがとう。特にメリッサ、すばらしい意見をありがとう。

何よりも、1000万円以上の年収を稼いでいる女性のみなさん、ありがとう。名前をあげさせていただいた方もいますが、匿名を望まれた方もいます。あなた方との会話から、思いがけない形で励まされました。あなた方のお話を読めば、他の人々も同じ感想を持たれると思います。

最後に、カルーチ、何もかも全部、ありがとう。

私の両親、ディック・ブロックとアネット・ブロックに捧げる。あなた方を愛しています。

年収1000万円以上のNYキャリアが教える
仕事も恋愛もキレイもすべてを手に入れる女性のワークルールズ50

発行日	2016年 5月 15日 第1刷
Author	バーバラ・スタニー
Translator	ディスカヴァー・クリエイティブ 熊谷公妙／株式会社トランネット(翻訳協力)
Book Designer	小口翔平(tobufune)
Publication	株式会社ディスカヴァー・トゥエンティワン 〒102-0093 東京都千代田区平河町2-16-1 平河町森タワー11F TEL　03-3237-8321(代表) FAX　03-3237-8323 http://www.d21.co.jp
Publisher	干場弓子
Editor	大山聡子+木下智尋

Marketing Group
Staff 小田孝文 中澤泰宏 吉澤道子 井筒浩 小関勝則 千葉潤子 飯田智樹 佐藤昌幸 谷口奈緒美 山中麻吏 西川なつか 古矢薫 米山健一 原大士 郭迪 松原史与志 蛯原昇 安永智洋 鍋田匠伴 榊原僚 佐竹祐哉 廣内悠理 伊東佑真 梅本翔太 奥田千晶 田中姫菜 橋本莉奈 川島理 倉田華 牧野類 渡辺基志 庄司知世 谷中卓
Assistant Staff 俵敬子 町田加奈子 丸山香織 小林里美 井澤徳子 藤井多穂子 藤井かおり 葛目美枝子 竹内恵子 伊藤香 常徳すみ イエン・サムハマ 鈴木洋子 松下史 永井明日佳 片桐麻季 板野千広
Operation Group
Staf 松尾幸政 田中亜紀 中村郁子 福永友紀 杉田彰子 安達情未
Productive Group
Staff 藤田浩芳 千葉正幸 原典宏 林秀樹 三谷祐一 石橋和佳 大竹朝子 堀部直人 井上慎平 林拓馬 塔下太朗 松石悠 鄧佩妍 李瑋玲
Proofreader & DTP 朝日メディアインターナショナル株式会社
Printing 中央精版印刷株式会社

ISBN978-4-7993-1875-1 ©Discover21,Inc., 2016, Printed in Japan.

ディスカヴァーの**おすすめ本**

世界のどこでも通用する
108の行動原則

できる人の仕事のしかた

リチャード・テンプラー

世界的ベストセラー“Rules《ルールズ》”シリーズの人気作！「控えめに約束し、約束以上の仕事をする」「業界に関係する法律を学ぶ」「自分の情報を明かしすぎない」など、ルールのひとつひとつはシンプルで、効果的で、安全で、実用的。ひとつひとつ実行していけば、仕事ぶりを認められ、当然昇進すべき人物と見られるようになります。

定価 1500 円（税別）

＊お近くの書店にない場合は小社サイト（http://www.d21.co.jp）やオンライン書店（アマゾン、楽天ブックス、ブックサービス、honto、セブンネットショッピングほか）にてお求めください。挟み込みの愛読者カードやお電話でもご注文いただけます。03-3237-8321㈹